예수님의 마음을
삶에게로

노희동

마음 디톡스

마음 디톡스

지은이 | 노희송
초판 발행 | 2023. 10. 18.
등록번호 | 제1988-000080호
등록된 곳 | 서울특별시 용산구 서빙고로65길 38
발행처 | 사단법인 두란노서원
영업부 | 2078-3352   FAX | 080-749-3705
출판부 | 2078-3331

책값은 뒤표지에 있습니다.
ISBN 978-89-531-4630-3 03230

독자의 의견을 기다립니다.
tpress@duranno.com   www.duranno.com

두란노서원은 바울 사도가 3차 전도여행 때 에베소에서 성령 받은 제자들을 따로 세워 하나님의 말씀으로 양육하던 장소입니다. 사도행전 19장 8-20절의 정신에 따라 첫째 목회자를 돕는 사역과 평신도를 훈련시키는 사역, 둘째 세계선교(TIM)와 문서선교 (단행본·잡지) 사역, 셋째 예수문화 및 경배와 찬양 사역, 그리고 가정·상담 사역 등을 감당하고 있습니다. 1980년 12월 22일에 창립된 두란노서원은 주님 오실 때까지 이 사역들을 계속할 것입니다.

HEARTDETOX

마음 디톡스

영적 성장을 위한 생각과 마음의 독소 없애기

노희송 지음

두란노

우리는 사랑하는 것만큼 알게 되고, 아는 것만큼 이해하게 됩니다. 또한 이해하는 것만큼 더욱 깊이 사랑할 수 있습니다. 사랑하면 그 사람의 고통이 보입니다. 웃음 속에 감추어진 그늘과 슬픔이 보입니다. 저자는 성도들을 사랑하는 선한 목자입니다. 때문에 성도들의 마음속에 감추인 상처를 봅니다. 그리고 그 상처를 하나님의 말씀으로 치유해 줍니다.

이 책은 저자가 팬데믹 후에 조용한 절망 속에 살고 있는 분들을 치유하기 위하여 사랑으로 쓴 책입니다. 마음속 깊이 숨겨 둔 쓴 뿌리 때문에 자신과 이웃에게 상처를 주고 있는 분들을 위한 책입니다. 마음은 보이지 않지만, 우리 인생을 움직입니다. 그래서 마음을 잘 돌보는 것이 중요합니다. 이 책은 마음의 정원을 잘 가꾸도록 도와주는 소중한 책입니다. 분노, 원망, 중독과 우울, 그리고 상한 마음을 이해하고 그 감정을 잘 다스리도록 도와주는 책입니다.

이 책을 생각과 감정의 독소를 없애고 전인적인 건강을 추구하는 분들에게, 그리고 사역의 현장에서 겪는 상처 때문에 치유가 필요한 사역자들에게 추천합니다. 내적 치유에 대한 설교와 세미나를 인도하기 원하는 분들과 정서적으로 건강한 영성을 추구하는 분들에게도 추천합니다.

강준민 목사 L.A. 새생명비전교회 담임

우리는 몸의 건강을 위해 많은 시간과 노력을 들이곤 합니다. 반면 마음의 건강은 상대적으로 소홀히 여길 때가 많습니다. 그러나 정서적으로 건강할 때 온전한 영적 성장의 길로 들어설 수 있습니다. 이 책은 그리스도인의 내적 회복과 성장을 위한 다정한 안내서입니다. 노희송 목사님은 탁월한 통찰력으로 우리가 겪는 내면의 혼란을 짚어 주며 하나님 안에서 회복할 방법을 이야기합니다. 온전한 마음의 치유와 회복을 원하는 성도들이 이 책을 통해 심령의 평강을 되찾고, 비옥한 마음밭을 일구기를 바랍니다.

김병삼 목사 만나교회 담임

저자는 마음이 따뜻한 목회자입니다. 세상 풍파에 지쳐 말씀 한 구절 들리지 않을 정도로 마음이 무너진 성도 한 사람 한 사람을 살핍니다. 그는 성도들의 황폐한 마음밭을 거닐며 필요 적절한 복음의 씨앗을 뿌리고 심어 줍니다. 말씀이 뿌리를 내리고 자라서 상한 마음을 치유할 수 있도록 밭을 기경하고, 잡초를 뽑고, 물길을 내고, 햇빛을 비춰 줍니다. 새사람이라는 정체성과 소유한 능력을 일일이 들춰내 보여 주고, 다시 잘살 수 있다고 다독여 줍니다.

누구라도 이 책을 읽으면 불평과 원망과 화와 중독과 언어폭력으로부터 자유하게 될 것입니다. 이 책에 기름 부으신 하나님께 감사드립니다.

도은미 소장 레헴가정생활연구소, 가정치료학 박사

저자는 싱그러운 순수함과 신실함을 뿜어 내는, 온유하고 복음적인 하나님의 사람입니다. 그는 이 책에서 하나님이 기뻐하시는 건강하고 성숙한 영성이 무엇인지를 심도 있게 풀어 나갑니다. 세대와 세대를 어우르는 목회와 상담

을 통해 상한 마음에 치명적인 독소들을 제거하는 목회-상
담학적 접근은, 실질적이고 예리하며 성경적이고 영적입니
다. 이 책은 우리 마음의 치유와 회복과 혁신을 체험할 수
있도록 돕는 꼭 필요한 길라잡이입니다.

박자슈아 교수 아주사퍼시픽 신학대학교 상담학,

임상 심리학 박사

이 세상의 첫째 문제는 인간의 문제이고, 둘째는 인간 사
이에서 오는 관계의 문제입니다. 놀랍게도 이 책은 문제를
심리적이나 문화적인 차이, 또는 사회적인 간격으로 접근하
지 않습니다. 오직 성경을 기초로 하여 인간을 설명하고 인
간 관계의 전략과 방법을 설명합니다.

인간의 가는 길은 수없는 질문으로 형성되기 마련입니
다. 지금도 우리는 그 질문 중에 있습니다. 이 책은 페이지
마다 우리의 시선을 갈보리 언덕으로 밀어 올려 주님을 향
하게 합니다.

삶 속에서 마주하는 풀리지 않는 문제로 마음과 감정의

어려움을 겪고 있는 많은 독자에게 일독을 권합니다.

송태근 목사 삼일교회 담임

우리는 삶에서 누구도 피할 수 없는 고통에 부딪치고 거기에 자연스레 따라오는 정서적인 문제를 겪습니다. 분노, 수치심, 원망, 우울 등의 부정적인 감정에 휩싸이고 쓴 뿌리로 갈라진 마음 안에서 고립, 중독, 폭력 등으로 반응합니다. 이 책은 건강한 마음이라는 화두에서 심도 있는 심리학적 이해를 바탕으로 우리 안의 어두움을 직면할 수 있도록 돕습니다. 그 어두움 가운데 주저앉은 우리를 빛되신 주님 안에서 일으켜 세워 줍니다. 치유의 주체가 되신 하나님 안에서 회복과 용서와 평안으로 향하는 성경적 길을 제시합니다. 노희송 목사님이 전하는 따뜻함과 통찰력 있는 말씀이 마음의 혁신을 향해 나아가는 모두에게 큰 용기와 위로가 되길 기도합니다.

심연희 대표 라이프플러스패밀리센터,
뉴올리언스 침례신학교 겸임교수

세상은 분노로 가득차 있습니다. 원망과 불평, 비난이 잠 못 이루는 밤을 가져다줍니다. 그런데 이런 독소를 제거할 수 있다니 복음의 소식이 아닐 수 없습니다.

사실 예수님은 일찍이 분노와 불평 가득한 사람들에게 비난과 고통을 받고 십자가에서 피를 흘리셨습니다. 그래서 그분만큼 우리 마음의 독소를 짊어지고 그 상처를 치유하실 수 있는 분이 없습니다.

이 책은 심리학과 성경의 대화라 할 수 있습니다. 주님이 말씀으로 심리학의 물음에 대답하는 책입니다. 그런 의미에서 이 책은 우리 마음속에 진정한 평화, 샬롬을 제공합니다.

아마도 이 같은 책이 나올 수 있었던 것은 저자인 노희송 목사님이 심리학자 아내를 만나 수많은 대화를 나누며 그 안에서 해답을 발견했기 때문일 것입니다. 따라서 이 책은 경건하고 신실한 목회자와 현숙한 심리학자의 지혜서라 할 수 있습니다. 그래서 이 책은 흥미롭고 유익합니다. 상처받은 이웃들이 이 책으로 건강하고 행복했으면 좋겠습니다.

이동원 목사 지구촌 목회 리더십센터 대표

많은 병의 근원이 마음에 있습니다. 마음이 즐겁고 건강하면 웬만한 병은 다 치유되지만 마음이 병들면 육체의 병도 이길 수 없습니다. 그런데 성경은 우리 마음이 거짓되고 부패해서 독이 생겼다고 말씀하고 있습니다.

이 책은 마음의 병으로 생긴 독소를 성경적 처방으로 제거하여 분노, 중독, 폭력과 우울증으로 인해 파괴 직전에 있는 가정과 인생들을 구할 수 있도록 도와줍니다.

이 책을 통해 수많은 마음의 병들이 고침을 받고, 다 말라 버린 정서의 그릇이 생수로 채워지며, 모든 관계의 회복이 이루어지는 하나님의 역사를 기대합니다.

임현수 목사 토론토 큰빛교회 원로, TMTC 대표

죄는 강한 독성입니다. 상처는 또 다른 독소입니다. 게다가 왜곡된 감정의 독은 천의 얼굴을 가졌습니다. 놀랍게도 교회 안에서조차 온갖 중독에 시달리는 그리스도인들이 넘쳐납니다. 그들의 마음밭은 말씀과 은혜를 가로막는 독초가 가득합니다. 부디 그분들의 손에 《마음 디톡스》가 들

려지기를 바랍니다. 이 책을 통해 심령이 해독되는 회복을 경험하고, 진리 안에서 다시 자유를 노래할 것입니다

조정민 목사 베이직 교회

모든 사람은 저마다 상처를 가지고 살아갑니다. 어떤 사람은 상대방의 상처를 약점으로 이용하여 더 큰 상처를 안기지만, 그 상처를 치유하는 사람이 있습니다.

저자는 마음의 상처를 보는 눈과 보듬을 줄 아는 마음을 가졌습니다. 우리 영혼에 스며 있는 독소들이 영혼과 육체를 무너지게 할 때, 저자는 그 독소를 정확하게 진단합니다. 그리고 믿음 좋은 그리스도인이라는 신분 속에 조용히 퍼져 나가는 독소들을 해독하는 영혼의 처방을 내려 줍니다.

이 독소는 모든 사람의 내면에 존재하기 때문에 누구에게나 처방이 필요합니다. 독자들이 이 책을 읽어 가는 사이 자기도 모르게 몸속 깊이 퍼져 있는 중독, 분노, 쓴 뿌리, 미움 등이 사라짐을 경험할 것입니다. 몸의 병보다 오래가는 것이 마음의 병입니다. 이 무서운 독소를 정확하게 진단하

고 처방해 준 저자에게 고마움을 표합니다. 상처 앞에 서 있는 상담자와 내담자를 포함한 모든 분에게 이 책을 강력히 추천합니다.

최병락 목사 강남중앙침례교회 담임, 월드사역연구소 소장

몸에 독소가 쌓이면 병이 되지만, 마음과 영혼에 독소가 쌓이면 우리의 소중한 일상을 넘어 신앙의 근간이 파괴됩니다. 따라서 우리는 신앙의 독소를 점검하고 제거해야 합니다.

이 책은 우리가 일상에서 겪게 되는 보편적 문제뿐만 아니라 누군가에게 말할 수 없는 개별적 어려움까지 다양한 문제들을 다룸으로써 우리 마음과 영혼의 독소가 어디에서 시작되었는지 깨닫게 합니다. 나아가 날카롭게 문제를 진단하고 분석하여 적합한 성경적 대안과 방법을 제시합니다.

여전히 생각과 감정에 있는 독소로 어려움 중에 있는 분들, 파괴된 일상에서 벗어나 무너진 관계를 회복하고자 하

는 분들, 마음과 영혼에 평안을 얻고자 하는 모든 분에게 이 책이 온전한 해독제가 될 것입니다.

저자는 완벽한 1.5세로서 이중 언어와 문화를 탁월하게 이해하고 다년간 캐나다 이민 교회에서 담임 사역으로 큰 부흥을 경험한 목회자입니다. 《마음 디톡스》에는 저자가 이민 목회를 하며 경험한 다문화와 인간 이해에 대한 깊은 통찰력이 귀한 말씀과 더불어 잘 녹아 있습니다. 마음 디톡스가 필요한 이 시대에 이 책을 강력히 추천합니다.

최성은 목사 지구촌교회 담임

교회가 분열하고 성도가 시험드는 대부분의 이유는 서로간의 감정 충돌을 성경적으로 지혜롭게 해결하지 못했기 때문입니다. 우리 안에 내재되어 있는 영적 독소가 끊임없이 흘러나와 자신과 주변 사람들에게 계속 상처를 주는 안타까운 상황을 우리는 어떻게든 하나님의 방법으로 해결해야 합니다. 오래전, 고든 맥도날드(Gordon MacDonald)의 《내면세계의 질서와 영적 성장》이라는 책을 통해 그리스도인의 자기 감정 통제에 대해 큰 도전을 받은 적이 있는데, 이번에 저자의 책을 접하면서 그와 비슷한 감동을 받았습니다. 자신과 주위 사람들의 내면세계의 아픔을 이해하고 거룩한 능력으로 극복하길 원하는 모든 분에게 이 책을 추천합니다.

한홍 목사 새로운교회 담임

이 책의 놀라운 점은 단순히 마음만이 아닌 우리의 신앙과 삶 전체를 조망하며 돌아보게 한다는 데에 있습니다. 더 나아가 이 책에는 삶을 아름답게 변화시켜 성숙의 여정으로 이끄는 강한 힘이 있습니다.

전문적이고 훌륭한 식견으로 쓰여진 책은 많습니다. 그러나 저자가 그것을 스스로 경험하고 누리고 있는 것인가는 다른 문제입니다. 《마음 디톡스》는 후자에 가깝습니다. 이 책을 읽다 보면 저자의 삶과 사역이 깊은 심령의 강건함에서부터 시작되고 있음에 큰 도전과 감동을 받습니다. 하나님의 말씀에서 비롯된 저자의 생명력 있는 메시지들이 책으

로 출판되고 읽혀질 수 있음에 한 명의 독자로서 크게 감사
합니다. 마음의 디톡스를 체험하기 원하는 모든 분에게 이
책을 적극적으로 추천합니다.

황덕영 목사 새중앙교회 담임

CONTENTS

Part 1. 생각과 감정의 독소 없애기

Part 2. 파괴된 일상에서 벗어나기

마음의 독소가 빠져야
회복이 일어납니다

코로나 팬데믹이 어느 정도 안정되면서 교회가 다시
현장 예배로 돌아왔습니다. 그동안 몸은 흩어져 있었지
만, 비대면으로 예배의 자리를 지키며 기도한 성도들이
반갑고 자랑스러웠습니다. 그러나 한편으로 팬데믹 동
안 가정과 관계에서 갈등을 겪었다는 이야기도 많이 들
었습니다. 가족들이 많은 시간을 함께 보내는 가운데 더
욱 친밀해지면서 회복을 경험한 분들도 있지만, 반대로
그동안 내면 깊은 곳에 숨겨져 있었던 문제들이 표출되
면서 서로에게 상처를 주고 무너진 가정들과 관계들도
많았습니다.

저는 틴데일신학교에서 상담학 교수로 있는 아내와 지난 20년 동안 한 교회에서 목양과 목회상담을 하면서 보고 듣고 배우며 느꼈던 것에 말씀과 영성, 상담을 함께 접목하여 《마음 디톡스》 원고를 썼습니다. 제목은 크레이그 그로쉘(Craig Groeschel)의 《영혼의 디톡스》(Soul Detox)에서 영감을 받았습니다. 이 책에서 다룬 내용들은 우리 교회 성도뿐만 아니라 많은 그리스도인이 공감하는 부분이 아닌가 생각해 봅니다.

우리 마음에는 정기적인 디톡스가 필요합니다. 우리는 몸의 디톡스는 중요하게 생각하지만, 영적인 디톡스, 마음의 디톡스는 무시하거나 소홀히 여깁니다. 목회자들이나 지도자들도 마찬가지입니다. 그러나 많은 독소(Toxin)에 노출되어 살아가는 우리 모두에게 정기적인 디톡스는 필수사항입니다.

죄 많은 세상을 살아가다 보면 우리의 생각과 마음 그리고 관계 가운데 독소들이 쌓입니다. 가장 소중한 관계에서도 묵은 상처와 아픔, 실망 등이 쌓여 갑니다. 평상시에는 숨어 있어 잘 모르고 지내다가 문득 스트레스를 받을 때나 어려운 상황에 처했을 때 독소들이 생각과 마음 그리고 습관으로 노출되고 우리를 지배합니다. 많은 그리스도인이 진정한 사랑과 배려, 관용을 베풀지 못하는 이유도 이러한 영적 독소들 때문이 아닐까요?

마음의 디톡스를 하게 되면 그 독소들이 표면으로 드러납니다. 바로 이 과정이 회복의 시작입니다. 우리 내면에 있는 영적인 불순물들을 파악하고, 말씀과 기도로 새롭게 회복되기를 바랍니다.

이 책에 다루고 있는 주제들을 가지고 교회 소그룹이나 가정에서 나누며 함께 디톡스의 과정을 가져 보기를 권합니다. 마음을 열고 자신을 돌아보는 기회를 갖는다면 반드시 영적인 변화를 경험하게 될 것입니다. 실제적으로 목회 현장, 가정과 소그룹 현장에서 조금이나마 마음의 회복과 성장을 경험하는 데 도움이 되면 좋겠습니다.

부족한 목회자를 사랑하며 동행하는 큰빛교회 성도님들께 감사를 드립니다. 목회와 선교에 비전과 도전을 주시는 영적 아버지 임현수 목사님에게도 감사드립니다. 멀리서 제 설교를 늘 경청해 주시고 멘토링해 주시는 강준민 목사님이 제 첫 번째 책《빈 배》를 출판하도록 도와

주셨고 이번에도 격려해 주셨습니다. 또한 목양실의 강미혜 권사님, 한선미 권사님, 박성업 목사님도 이 책이 나오도록 뒤에서 섬겨 주셨습니다.

첫 번째 책에 이어 이번에도 용기를 내도록 도와 준 두란노 식구들과 추천사로 격려해 주신 선배 목사님들과 동역자들께도 감사를 드리며, 끝으로 한결같이 함께해 주는 제 아내 노선영(Helen)과, 귀한 두 딸(새로미, 예닮이)에게도 감사를 전합니다.

2023년 10월

노희송 목사

HEARTDETOX

PART 1.

생각과 감정의
독소 없애기

Chapter 01

마음 디톡스

시편 51:7-19

모든 것은 마음에서 비롯됩니다. 마음을 지키지 못하면 모든 영역에 파괴적인 영향을 끼칩니다. 그뿐만 아니라 영적 성장에도 큰 장애가 됩니다. 반면에 마음을 새롭게 하면 온전한 신앙생활을 할 수 있습니다. 솔로몬은 생명의 근원이 마음에서 시작된다면서 그 중요성을 강조합니다.

모든 지킬 만한 것 중에 더욱 네 마음을 지키라 생명의 근원이 이에서 남이니라 잠 4:23

하나님과의 관계에서도 마음을 지키는 것이 중요합니다. 예배를 드리는데, 몸은 예배당에 있지만 마음이 하나님을 향해 열려 있지 않을 때가 있습니다. 예배 후에 누구와 어느 식당에 가서 무엇을 먹을까 하는 생각, 쇼핑이나 운동 생각에 마음이 나뉘어 온전한 예배를 드리기 어렵습니다. 가전의 전원은 잘 끄고 왔는지, 현관문은 확실히 잠갔는지 불안해서 도무지 예배에 집중할 수 없을 때도 있습니다. 때로는 섬김이나 사역을 할 때도 직분이나 책임감, 혹은 체면 때문에 마음은 없이 몸만 움직입니다. 만약 그렇다면 보람이나 기쁨은 경험하지 못할 것입니다.

사람들과의 관계에서도 마찬가지입니다. 몸은 집에 있는데 마음은 다른 곳에 가 있는 남편과 아내, 오랜 세월 신앙생활을 하면서도 깊은 마음의 상처, 상한 감정을 품고 있는 성도들. 이런 쓴 뿌리를 치유하지 못하고 미움과 원망과 분노로 남겨 둔다면 건강한 관계를 누리지 못합니다. 실제로 교회 안에서 봉사를 잘하던 어느 성도가 누군가를 향한 미움이 너무 커서 자신을 추스르기가 어렵다고 고백하는 것을 전해 들은 적도 있습니다.

이와 같이 우리는 마음의 병이나 독소를 해소하지 못한 채, 깨어진 심령 때문에 찾아오는 여러 가지 문제와 증상들을 겪으며 살아가고 있습니다. 우리가 하나님이 약속하신 기쁨과 평안을 얻기 위해서는 마음의 디톡스가 필요합니다.

오염된 마음은 생각과 행동까지 오염시킵니다

생각과 마음은 긴밀하게 연결되어 있습니다. 무엇이 먼저라고 말하는 것조차 어려울 정도입니다.

시편 51편은 다윗이 하나님께 회개하며 고백하는 내용입니다. 다윗은 하나님의 마음에 합당한 사람입니다. 그런데 그가 마음으로 죄를 짓습니다. 아끼던 심복 우리야의 아내 밧세바를 마음에 품습니다. 결국 마음의 죄는 밧세바와 외도하는 행동의 죄로 이어집니다. 그뿐만 아니라 그 죄를 숨기려고 거짓말한 것은 물론, 음모를 꾸며 우리야를 죽이고 맙니다.

사람의 마음은 이렇게 악해질 수 있습니다. 다윗이

그러했듯 우리도 예외는 아닐 것입니다.

> 만물보다 거짓되고 심히 부패한 것은 마음이라 누
> 가 능히 이를 알리요마는 렘 17:9

속으로는 너무나 괴로운데, 겉으로는 태연한 척 위
선적으로 행동하는 것이 얼마나 괴로웠을까 상상해 보
십시오. 겉으로는 경건한 왕, 하나님의 마음에 합당한
왕이라는 칭함을 받았지만, 다윗의 내면은 오염되고 병
들었습니다. 시편의 한 대목에서 이러한 그의 마음 상태
를 엿볼 수 있습니다.

> 허물의 사함을 받고 자신의 죄가 가려진 자는 복이
> 있도다 마음에 간사함이 없고 여호와께 정죄를 당
> 하지 아니하는 자는 복이 있도다 내가 입을 열지 아
> 니할 때에 종일 신음하므로 내 뼈가 쇠하였도다 주
> 의 손이 주야로 나를 누르시오니 내 진액이 빠져서
> 여름 가뭄에 마름같이 되었나이다(셀라) 시 32:1-4

당시 다윗의 삶에는 기쁨이 없었습니다. 하나님의

임재하심이 멀리 떠나간 것 같은 불안함 속에서 무려 1년을 보냈습니다.

마음속의 악한 것들이 온전히 해결되지 않으면 오히려 그것을 정당화하려는 또 다른 악한 생각과 행동이 따릅니다. 오염된 생각과 행동에는 여러 종류가 있습니다. 주위 사람은 아랑곳하지 않고 스스럼없이 언어폭력을 일삼으며, 내가 싫으면 그만이라는 오만한 모습까지 보입니다. 똑같은 사건이나 상황이라도 마음 상태에 따라 다르게 반응할 때도 있습니다. 이렇듯 자기 마음대로 결정하고 반응함으로써 관계가 더욱 어려워지는 경우가 생깁니다.

어느 자매가 고향 친구의 페이스북에 오랜만에 글을 올렸습니다. 그런데 고향 친구는 그 글에 아무 답변도 하지 않았습니다. 이 자매는 친구가 자신을 반가워하지 않는다고 오해하고 말았습니다. 이후로도 계속 아무 답변이 없자 자매는 고향 사람들 모두가 자신을 환영하지 않는다고 생각했고, 나아가 모든 세상 사람이 자신을 좋아하지 않는다고까지 비약했습니다.

에런 백(Aaron Beck)은 이렇듯 좋지 않은 생각이 또 다른 좋지 않은 생각으로 이어지는 것을 '생각의 잘못된 연결고리(Cognitive Errors)'라고 말합니다. 즉 잘못된 판단으로 이끄는 생각 때문에 부정적인 결과에 이르게 되는 실수를 범하는 인간의 연약한 마음을 설명하고 있습니다. 예를 들어 복도에서 누군가가 나에게 인사하지 않고 그냥 지나가면 그 사람이 나를 싫어한다고 생각해 버립니다. 선생님이나 직장 상사가 개인적으로 만나자고 하면 무슨 문제가 생긴 것은 아닌지 불안해합니다. 어떤 분은 하는 일이 너무 잘되어 불안하다고 말합니다. 이처럼 우리의 생각과 마음은 죄와 상처, 부정적 경험으로 인해 의식적이든 무의식적이든 손상을 입습니다.

상한 음식이 냉장고에 있습니다. 보고 싶지 않아 냉장고 문을 열지 않는다고 그 음식이 없어지는 것은 아닙니다. 근본적인 문제를 해결하려면 상한 음식을 버려야 합니다. 몸을 씻지 않으면 그 위에 아무리 향수를 뿌려도 몸이 깨끗해지거나 마음이 상쾌할 수 없습니다. 마찬가지로 상하고 오염된 마음이 있다면 근본적으로 해결해야 합니다. 그러지 않으면 결국 생각하는 방식과 행동까지 오염시킬 뿐만 아니라 마음의 성장이 멈추거나 오히려 후퇴할 수도 있습니다.

따라서 우리는 삶의 영역들을 다스리며 영향을 끼치

는 요소들을 디톡스해야만 합니다.

내 마음 성장도를
파악해야 합니다

모든 생명이 성장하듯이 마음도 성장합니다. 그리고 그 성장에는 단계가 있습니다. 티머시 R. 제닝스(Timothy R. Jennings)는 《마음, 하나님 설계의 비밀》에서 영적 성숙과 도덕 발달의 7단계가 있다고 말합니다.

1단계: 상벌(Reward & Punishment)

2단계: 교환 가치(Exchange, Return)

3단계: 사회적 동조(Social Conformity)

4단계: 법과 질서(Law & Order)

5단계: 타인을 향한 사랑(Love For Other People)

6단계: 순리에 따르는 삶

　　　　(Principle Based Living, Living In Harmony)

7단계: 하나님 마음에 합한 사람

　　　　(Understanding God's Heart And Design)

제닝스는 이해를 돕기 위해 이 닦는 예를 들면서 마음의 동기에 대해 설명합니다.

1단계: 상벌(이를 닦지 않으면 혼나고, 닦으면 칭찬받기 때문에)

2단계: 교환 가치(이를 닦으면 재미있는 만화를 보여 주기 때문에, 용돈을 주기 때문에)

3단계: 사회적 동조(이를 닦지 않으면 학교에서 놀림받고 따돌림을 당할 수 있기 때문에)

4단계: 법과 질서(이를 닦지 않으면 특권을 잃을 수 있기 때문에)

5단계: 타인을 향한 사랑(타인을 배려하는 마음으로)

6단계: 순리에 따르는 삶(이를 닦지 않으면 건강의 질서가 무너지고 오래가지 않기 때문에)

7단계: 하나님 마음에 합한 사람(하나님의 형상대로 지어졌으며 몸이 성전임을 알기 때문에, 충치가 생기고 질병에 감염되면 온전히 하나님을 섬길 수 없으므로 청지기의 의식을 가지고 이를 닦는다.)

제닝스는 5단계 이상의 마음의 성장 발달은 비교적 성숙하다고 설명합니다. 6단계인 순리에 따르는 삶의 단계까지 성장하게 되면, 더욱더 '지켜야 하기 때문에 지키는 수준'에 머물러 있지 않고, 한 걸음 더 나아가 '그렇게 함으로 해서 얻어지는 것'에 주목합니다.

이것을 삶의 다양한 부분, 특히 예배, 기도, 전도, 회개 등 신앙생활에 적용할 수 있습니다. 우리는 가정, 직장은 물론 교회에서도 무엇인가를 결정해야 할 때 언제나 마음의 상태가 어떤지 살펴보아야 합니다. 어떤 분들에게는 신앙생활의 동기가 상을 받기 위해서 혹은 벌을 면하기 위해서일 수 있습니다. 나아가 인정받기 위해서, 혹은 직분을 얻기 위해서 섬기기도 합니다. 다른 사람들이 참석하면 함께하고 많은 사람이 빠지면 나도 빠져도 된다는 사회적 동조의 수준에 머물러 있을 수도 있습니다. 이런 분들은 출석표에 도장 찍듯이, 혹은 체면 때문에 주일 성수를 하거나, 새벽 기도에 참석하는 눈도장 찍기 식의 신앙생활을 합니다. 또한 주보에 이름이나 번호가 올라가기 때문에 남의 눈을 의식하여 헌금 생활을 합니다. 죄에 대한 회개도 마찬가지입니다. 죄를 누군가에게 들키지 않으면 스스로 회개하지 못하는 마음의 미성숙함과 강팍함 가운데 머무릅니다. 죄에 따른 징벌이 없을 때는 그 자체로 인하여 괴로워하거나 뉘우치지 않기도 합니다.

신앙이 성숙하지 못한 수준에 머물러 있는 성도들은 신앙생활을 오랫동안 유지하기 어렵습니다. 실제로 코로나 팬데믹을 통과하면서 신앙생활이 완전히 무너지는 사람들을 보았습니다. 교회에 나오지 않아도 되는 시기를 보내면서 비대면 예배조차도 형식적으로 드리고, 경건 생활을 제대로 하지 않게 되었습니다. 심지어 교회의 직분자임에도 옆에서 누군가 확인하지 않을 때는 영적 생활이 엉망이 되어 있었습니다.

반면에 어떤 성도들은 비록 온라인으로 비대면 예배를 드렸지만 신앙이 흔들리지 않았습니다. 오히려 일상 가운데 더 많은 시간을 성경도 읽고 기도도 하며 하나님과의 친밀한 교제를 누리며 보냈습니다. 이처럼 신앙이 성숙해지면 하나님이 부르신 목적과 사명에 순리대로 따르며 그로 인하여 기쁨과 만족을 얻고 영광을 올려드리기를 원하는 마음을 갖게 됩니다. 죄를 짓더라도 그 죄 자체로 괴로워하다가 회복을 간절히 구합니다. 다윗이 그랬습니다. 죄를 짓고 난 후 다윗은 하나님의 마음에 합당한 상태로 다시 회복되기를 원했습니다.

주의 구원의 즐거움을 내게 회복시켜 주시고 자원
하는 심령을 주사 나를 붙드소서 시 51:12

보혈이 마음을
새롭게 합니다

마음의 성장이 멈추거나 퇴보하는 이유는 오염된 마
음을 보혈의 능력, 즉 복음의 능력 앞으로 가지고 나오
지 못하기 때문입니다. 죄를 감추고 덮어 버리거나, 잘
못을 깨닫지 못하고 부정하는 것입니다. 성경에서 다윗
도 1년 이상을 죄의식 없이 살았습니다. 그러나 마침내
그 상한 마음을 가지고 하나님께 나아옵니다.

우슬초로 나를 정결하게 하소서 내가 정하리이다 나
의 죄를 씻어 주소서 내가 눈보다 희리이다 시 51:7

우슬초는 작고 연한 풀입니다. 구약시대 제사장들
이 이 우슬초를 묶어 희생 제물의 피에 담갔다가 흩뿌
리는 예식을 했습니다. 이 예식은 피로써 깨끗하게 됨

을 상징합니다.

예수 그리스도의 보혈에는 우리의 심령을 깨끗하게 하는 능력이 있습니다. 보혈은 어긋나 있는 부분들, 깨지고 독소로 차 있는 부분들을 디톡스해 줍니다. 그뿐만 아니라 하나님이 원래 주신 마음으로 회복시켜 줍니다. 이것이 바로 보혈의 능력, 복음의 능력입니다. 우리 마음은 인간의 힘과 노력으로 고칠 수 없습니다. 복음의 능력만이 상한 마음을 부드러운 마음으로, 그리고 정결한 마음으로 회복해 줄 수 있습니다.

하나님께서 구하시는 제사는 상한 심령이라 하나님이여 상하고 통회하는 마음을 주께서 멸시하지 아니하시리이다 시 51:17

상한 심령으로 나아간다는 것은 먼저 마음이 상했음을 인정하는 것입니다. 많은 사람이 자기 마음이 완악하다는 것 자체를 인정하지 않습니다. 신앙생활을 오래 했다고 해서 자기 마음의 상태를 완전히 파악할 수 있는 것이 아닙니다. 예수님과 바리새인들의 대화를 살펴보십시오.

또 간음하지 말라 하였다는 것을 너희가 들었으나
나는 너희에게 이르노니 음욕을 품고 여자를 보는
자마다 마음에 이미 간음하였느니라 마 5:27-28

그들은 마음이 상해 있음을 인정하지 않고 있습니다. 신앙생활을 나름대로 열심히 하며 교회도 섬기고 있지만 정작 자신의 마음 상태는 모른 채 다른 이들을 정죄하고 온전히 사랑하지 못하는 그리스도인들의 모습과 같습니다. 우리는 간음, 폭력 그리고 저주로 인해 상한 마음에서 독소가 완전히 제거되고 회복될 때에야 비로소 기쁨과 즐거움이 회복됩니다. 그래야 하나님 앞에서 온전한 예배의 삶을 살아갈 수 있습니다.

그때에 주께서 의로운 제사와 번제와 온전한 번제
를 기뻐하시리니 그때에 그들이 수소를 주의 제단
에 드리리이다 시 51:19

더 이상 방치하지 말고 주님께 마음을 활짝 여십시오. 물론 심장 개복 수술을 하는 것처럼 완전히 마음을 열어야 할 때도 있을 것입니다. 중요한 점은 바르게 진단하고 치유받겠다는 마음가짐이 있어야 한다는 것입니다.

완전히 마음을 열 때 온전한 마음의 치유와 회복을 경험할 것입니다.

1. 잠언 4장 23절에서 마음을 지키는 것이 중요하다고 말하는 이유는 무엇입니까?

   _____

   _____

   _____

2. 에런 벡은 쉽게 부정적인 결론에 이르게 되는 것을 '생각의 잘못된 연결고리'라고 했습니다. 당신의 생각은 보통 어떤 방향으로 흘러가고 있습니까? 부정적인 방향입니까, 아니면 긍정적인 방향입니까?

   _____

   _____

   _____

   _____

3. 티머시 R. 제닝스의 '도덕 발달의 7단계'의 내용을 근거로 마음의 상태, 즉 행동의 동기를 분별할 수 있습니다. 당신의 신앙생활은 주로 몇 번째 단계에 있다고 생각합니까?

_____

_____

_____

4. 다윗은 엄청난 죄를 저질렀습니다. 그 상하고 독소로 가득한 마음을 어떻게 회복했습니까? 건강한 마음을 갖기 위해서 지금 당신에게 필요한 것은 무엇입니까?

_____

_____

_____

정서의 건강한 회복

에베소서 4:13-15

영적으로 온전히 성장하려면 반드시 정서적으로 건강해야 합니다. 하나님은 그의 자녀가 믿음의 성장과 성숙을 이루어 내기를 원하십니다. 다시 말해 온전한 사람이 되기를 원하십니다.

우리가 다 하나님의 아들을 믿는 것과 아는 일에 하나가 되어 온전한 사람을 이루어 그리스도의 장성한 분량이 충만한 데까지 이르리니 엡 4:13

왜 성장과 성숙이 멈출까요? 거기에는 여러 이유가

있을 것입니다. 하나님을 향한 믿음과 하나님을 아는 일을 멈추면 성장과 성숙도 함께 멈춥니다. 우리는 하나님을 아는 일에 힘써야 합니다. 성경 읽기에 열의를 가져야 합니다. 기도를 통해 하나님께 나아가는 일상이 되어야 합니다. 그러지 못할 때 성장이 멈춥니다.

그런가 하면 제자 훈련, 예배와 섬김, 선교를 열심히 하는데 여전히 멈추어 있는 것같이 느껴질 때가 있습니다. 이는 정서적으로 건강하지 못하기 때문입니다. 분명히 하나님의 일을 하고 있음에도 마음 한구석에 고집이나 굳은 마음 그리고 상처나 원망이 자리한다는 것은 여전히 마음이 닫혀 있다는 증거입니다. 내면의 변화를 꾀하지 않고 일과 사역, 훈련을 반복하면서 스스로를 고갈시켜 버리는 것은 아닌지 살펴보아야 합니다. 마음과 정서적 건강과의 관계에 대해 알아보겠습니다.

하나님이 우리에게
감정을 주셨습니다

하나님은 당신의 형상대로 우리에게 감정을 주셨습

니다. 이것은 우리가 가장 놓치기 쉬운 근본 진리입니다. 피터 스카지로(Peter Scazzero)는《정서적으로 건강한 영성》이라는 책에서 감정의 중요성에 대해 강조한 바 있습니다.

사실 저는 과거 제자 양육을 받을 때만 해도 '감정은 중요하지 않다' '감정대로 결정하면 안 된다'고 생각했습니다. 감정은 그저 따라오는 것이며 의지할 수 있는 것이 아니기 때문에, 올바른 신앙생활을 하려면 감정을 무시하거나 억눌러야 한다고 여겼습니다. 혹여 감정에 휩쓸릴 때는 마치 믿음이 부족한 것은 아닌지 자책하기도 했습니다. 그러다 보니 인간관계에서나 교회에서 섬기는 중에도 때때로 드는 불편한 감정을 무시한 채 맡겨진 일들을 그저 묵묵히 하곤 했습니다. 그러다가 참았던 감정이 뜻하지 않은 곳에서 폭발해 버리거나, 엉뚱한 사람에게 쏟아질 때도 많았습니다.

성경 어디에도 감정이 중요하지 않다고 말한 곳은 없습니다. 오히려 하나님께도 감정이 있다는 사실을 발견합니다. 우리는 지, 정, 의이신 하나님을 믿습니다. 성경을 살펴보면 하나님은 사랑의 하나님, 분노의 하나님, 질투의 하나님입니다. 예수님도 하나님과 동일한 감정을 가지고 계십니다. 예수님의 공생애를 살펴보면 그분은 이런 감정을 건강하게 표출하셨다는 것을 볼 수 있습니다. 때로는 기뻐하거나 슬퍼하셨고, 심지어 화를 내기도 하셨습니다.

자신의 감정이나 마음 상태를 아는 것은 매우 중요합니다. 인간의 감정을 외면하거나 축소하는 것은 하나님의 창조 의도를 왜곡하는 것입니다. 청교도 신학으로 유명한 조나단 에드워즈(Jonathan Edwards)는 《신앙 감정론》에서 거룩한 감정(Godly Emotions)은 참된 믿음 안에 속하며, 그것은 중요한 부분이라고 설명합니다. 거룩한 감정은 행동의 발원지가 되며, 은혜로운 감정은 영적인 확신을 가져다준다고 말합니다. 예를 들어 우리가 예배를 드릴 때, 진심으로 기쁘고 신나고 행복한지, 아니면 메마르고 불안하며 무감각한 상태로 그저 형식적으로만 예배당에 나와 있는지 살펴보십시오. 은혜롭고 거룩한 감정이 우리의 영적 성장을 돕고 있는지, 아니면 사탄이 우리를 끌어내려 하나님으로부터 멀어지게 하는 것은 아닌지 민감하게 살펴야 합니다.

마음에 넘치는 풍요로움으로 예배를 드려야 하는데, 교만한 마음으로 드리는 사람도 있습니다. 성령 충만함을 경험하며 하나님께 감사하는 만족감을 느끼지만, 자기 의지(Self-reliance)라는 함정에 빠지는 것입니다. 어떤 이는 불안함 때문에 하나님께 나아가기도 합니다. 외로움의 감정을 통하여 하나님과의 친밀한 교제를 간절히 구하는 이들도 있지만, 반대로 낮은 자존감과 현실 왜곡으로 내면의 벽을 쌓고 스스로 고립되기도 합니다.

문제는 나의 감정을 내가 모른다는 것입니다. 비교적 남성들이 여성들보다 자신의 감정을 모르는 경우가 많다고 합니다. 기쁨, 슬픔, 분노 정도의 기본적인 감정밖에 구분을 못 하는 것입니다. 그러다 보니 내면의 다양한 감정들, 즉 불안함, 외로움, 서운함, 답답함, 좌절감, 허무함, 실망감 등을 제대로 표출하지 못하고 억제하려 합니다. 그리고 이러한 안 좋은 습관이 감정을 길들여 버립니다. 그러면 그 길든 감정이 익숙해져 결국 감정의 지배하에 놓입니다. 두려움, 불안함에 익숙해져서 회복되어야 하는 감정인지도 모른 채 계속 살아갑니다. 그래서 어떤 분은 걱정거리가 사라지고 나니 오히려 더 불안하다고 말합니다. 오랜 세월 불안함이 익숙한 감정, 내면을 지배하는 감정이 되었기 때문입니다.

분노가 지배하는 가정, 사회 조직, 정치 조직, 교회

공동체의 모습을 봅니다. 과거의 트라우마가 우리의 생각과 마음을 지배할 때도 있습니다. 제 아내는 갈등이 많았던 이민교회에서 자랐습니다. 어렸을 때 어른들이 언성을 높이며 회의하는 것을 본 적이 있었던 아내는 제가 목회하며 안건이 많아 당회를 늦게 마치거나 미팅 시간이 길어질 때면 혹시 무슨 갈등이라도 생긴 것은 아닌지 걱정하곤 하였습니다. 우리를 지배하고 있는 감정은 무엇인지, 또한 정서적 상태는 어떤지에 대해 분별해야만 합니다. 성령님을 통하여 어떤 마음을 주시며 경험하기 원하시는지 기도하는 마음으로 나아가야 합니다.

정서적으로 미성숙한 부분을 인정해야 합니다

내가 어렸을 때에는 말하는 것이 어린아이와 같고 깨닫는 것이 어린아이와 같고 생각하는 것이 어린아이와 같다가 장성한 사람이 되어서는 어린아이의 일을 버렸노라 고전 13:11

태어난 지 얼마 안 되는 아기는 내면의 감정을 구분하지 못합니다. 그래서 배가 고파도 울고, 기저귀를 안 갈아 줘도 울고, 졸려도 웁니다. 그러나 아이들은 유년기를 거치는 동안 몸과 마음뿐 아니라 정서적으로도 성장합니다. 그 과정에서 감정에 따라 다르게 반응하는 법을 배웁니다.

그런데 성인이 되었음에도, 심지어 교회 지도자 직분을 가졌음에도 자기 내면의 복잡한 감정을 분별하지 못하고 늘 파괴적으로 표출하는 사람이 많습니다. 그런 사람들은 화가 나도 폭발하고, 답답하고 짜증나도 폭발하고, 실망해도 폭발하며, 배가 고프거나 피곤해도 폭발합니다. 마음을 닫아 버리는 사람도 있습니다. 두려워도, 낯선 상황이 찾아와도 마음을 닫는 것으로 반응합니다.

누구에게나 부정적인 감정이 있을 수 있습니다. 하지만 그 감정이 어디서 비롯되었으며 내가 어떻게 반응하고 있는지, 그리고 그것 때문에 나와 공동체가 어떤 피해를 보고 있는지 알아야 합니다. 상처나 손상된 감정이 우리를 미성숙에 머물게 하는 경우가 많기 때문입니다.

성장하는 과정에서, 또는 관계나 사건을 통해서 생기는 상처들은 다양합니다. 자신이 제어하거나 방어하지 못하는 상황 가운데 폭력을 당하기도 하고, 소중한 사람을 잃기도 합니다. 온전히 사랑받지 못하고 버려지는 일도 있고, 주위 사람들에게 인격적으로 폄하, 모욕, 비교당하며 존중받지 못하기도 합니다.

문제는 이러한 정서적인 상처를 교회 안에서조차 치유받지 못한다는 것입니다. 만약 그렇다면 우리는 이 상처에서 벗어날 수 없습니다. 온유해야 할 성도가 공격적이 되거나, 지체와의 사소한 오해로 교회를 떠나기도 합니다. 끊임없이 서로를 향한 비교 의식에 사로잡혀 미성숙함에 머무를 수 있습니다.

우리는 스스로의 미성숙한 부분을 인정해야 합니다. 그리고 내가 내 감정에 어떻게 반응하는지 알아야 합니다. 우리는 각자 나름대로 감정에 대응하는 습관이나 패턴(Coping Mechanism)을 가지고 있는데, 이것을 알파벳 'F'로 시작하는 세 가지 유형으로 구분할 수 있습니다.

첫째, 공격형(Fight)입니다. 누군가를 공격하는 것으로 반응하는 유형입니다. 정서적으로 불안하거나 부정적인 감정이 일어나면 공격적 태도를 취함으로써 자신을 방어합니다. 때로는 폭력적인 말투, 비판, 폄하 등으로 표현하기도 합니다. 특정한 상황이나 사람, 사건을 비판하고 문제점들을 들춰냅니다. 이러한 파괴적인 감정은 관계와 공동체를 위협하기도 합니다. 실제로 교회 안에서나 가정에서도 이런 유형으로 인해 많은 문제가 발생합니다. 회의 시간에 서로 감정을 폭력적으로 드러내면서 마음에 상처를 주기도 하고, 건강한 분위기와 문화 조성을 방해하기도 합니다. "해 봤자 다 소용없어요" "시간 낭비, 물질 낭비만 해요"라며 열심히 섬기고 있는 이들에게 찬물을 끼얹기도 합니다.

둘째, 회피형(Flee)입니다. 피하거나 숨어 버리는 유형입니다. 감정적으로 힘들면 마음 문을 닫아 버립니다. 친구 사이에도 잠수를 타는 경우가 있습니다. 친밀한 관계를 형성했음에도 어떠한 사건이 생기면 대화를 거부합니다. 심지어 열심히 출석하던 교회에도 아무런 이유나 설명 없이 나타나지 않습니다.

셋째, 얼어붙음형(Freeze)입니다. 아무런 반응을 하지 않는 유형입니다. 이런 사람들은 공격적으로 나오지도, 도망가지도 않습니다. 자신의 감정을 전혀 드러내지 않습니다. 그래서 상대방은 이의가 없거나 동의하는 것으로 오해하기도 합니다. 이들은 갈등을 원하지 않습니다. 회피했을 때 상대방이 오해하거나 관계가 어려워지는 것을 두려워합니다. 그러다 보니 아무런 반응을 하지 못하고 얼어붙어 버립니다. 하지만 이러한 반응도 정서적으로 건강하지 않습니다. 스스로도 자신이 어떠한 감정인지, 왜 마음이 어려운지 알아차리지 못할 뿐만 아니라, 다른 사람도 이해할 수 없어서 결국 정서적으로 고립됩니다.

나는 어떤 유형에 속합니까? 여전히 미성숙하게 감정을 표현하고 있지는 않습니까? 후회하고 반성하다가도 조금 지나면 다시 그 감정의 지배하에 놓이지는 않나요? 이 문제를 방치하다 보면 미성숙한 감정의 지배 가운데 살아갈 수밖에 없을 것입니다.

건강한 관계를 통해
정서적 치유를 경험합니다

감정의 표현이 미성숙할 때, 우리의 관계는 파괴적이 될 수 있습니다. 만약 부부 중 한쪽은 공격형이고 다

른 한쪽은 회피형이라고 상상해 보십시오. 온전한 소통
과 해결이 어려울 것입니다. 공격형인 쪽은 계속 폭력
적으로 분노를 표출하는데 회피형은 도망갑니다. 그러
면 공격형은 더 화가 나게 되고, 그러면 끝까지 회피형
인 배우자를 쫓아다니며 폭력적으로 몰아붙일 수 있습
니다. 물론 어떤 경우에는 분노가 사그라질 때까지 피
하는 것이 양쪽이 똑같이 공격적인 것보다 나을 수는 있
습니다. 그러나 피하기만 하면 갈등을 근본적으로 해결
할 수 없습니다.

그렇다면 우리는 어떻게 성숙의 길로 갈 수 있을까
요? 이미 파괴된 관계가 과연 복음의 능력 가운데 치유
되고 회복될 수 있을까요?

오직 사랑 안에서 참된 것을 하여 범사에 그에게
까지 자랄지라 그는 머리니 곧 그리스도라 엡 4:15

관계는 관계로 치유됩니다. 심지어 애완동물을 통해
서도 부분적이지만 치유가 된다고 합니다. 하지만 온전
한 치유는 오직 하나님과의 관계를 통해서만 이루어집
니다. 상처 주는 관계(Hurtful Relationship)에서 치유하는

관계(Healing Relationship)로, 파괴적이었던 관계에서 해방과 자유로운 관계로 회복될 수 있습니다.

영어 목회를 했을 때의 일입니다. 사귀던 남자친구가 폭력을 가하는데도 헤어지지 못하는 자매가 있었습니다. 그녀는 지금의 남자친구와 헤어진다면 더는 누구에게도 사랑받지 못할 거라는 생각에 사로잡혀 있었습니다. 자매는 폭력적인 아버지 밑에서 자랐습니다. 아버지가 함부로 대하는데도 그 상황에서 벗어나지 못하는 어머니의 모습을 보면서 늘 답답해하곤 했는데, 자기도 어머니와 같은 인생을 살게 될까 봐 두려워했습니다. 그러다가 하나님을 만났습니다. 그녀는 하나님의 사랑을 경험하고 나서야 건강하지 못했던 관계에서 벗어날 수 있었습니다. 또한 그녀의 과거 아픔을 이해하고 품어 주는 건강한 형제를 만나 새롭게 연애도 할 수 있었고, 결혼도 해서 행복한 신앙생활을 하게 되었습니다.

자매의 사례는 좋게 풀어졌지만, 안타깝게도 우리 주변에는 상처를 주고받는 관계에서 벗어나지 못하고 괴로워하는 사람이 많습니다. 가족이라는 틀로 엮여 있다면 더욱 그렇습니다. 그러나 우리는 상처를 주고받는 관계의 유형(Hurtful Relationship Dynamic)에서 건강한 관계의 유형(Healthy Relationship Dynamic)으로의 변화가 필요합니다. 그러려면 내가 부정적인 감정에 어떻게 반응하는지, 공격형인지 회피형인지, 또는 얼어붙는 유형인지를 알고 좀 더 성숙하기 위해 노력해야 합니다. 감정을 건강하게 표현하기 위해 올바르게 대화하고자 하는 의지와 훈련이 필요합니다. 오랜 시간 파괴적인 유형의 관계를 맺고 있었다면 의식적으로 그것을 바꾸려고 노력하고 공부해야 합니다.

관계에는 헤어져야 할 관계도 있습니다. 거리를 두어야 할 관계도 있습니다. 함께 가야 할 관계도 있습니다. 이것을 제대로 분별하는 것이 성숙으로 가는 길입니다.

파괴적인 대화에서
치유의 대화로

부정적인 감정을 억누르고 그저 외면하려고만 하지 마십시오. 반드시 표현하되, 건강하게 표현해야 합니다. 우리가 어떤 감정 때문에 불편하다면 그 감정이 어디에서 비롯된 것인지, 또 어떻게 표현해야 할지를 잘 분별하고 구분(Healthy Separation)하여 감정을 표출해야 합니다.

내가 실망했다고 해서 당시의 상황이 모두 나쁘다고 말할 수 없습니다. 어느 자매가 이전에 다니던 교회에서 특정 사람으로부터 상처받았는데, 그 일 때문에 새롭게 옮긴 교회에서는 적극적으로 사람을 사귀고 공동체를 섬기기가 어렵다며 고민을 털어놓았습니다. 물론 상처로부터 자유로워지는 데에는 시간과 에너지가 필요합니다. 그러나 과거 경험 때문에 새로운 공동체에서 만나는 사람도 모두 믿을 수 없다고 단정짓는 것은 건강한 표현이 아닙니다. 상처받거나 실망한 부분 때문에 모든 것이 잘못됐다고 극단적인 결론을 내리지 말아야 합니다. 여전히 세상적이고 자기 감정을 조절하지 못하는, 미성숙한 성도들이 주변에 있습니다. 하지만 모든 그리스도인이 가짜 신앙인이라고 단정을 지어서는 안 될 것입니다. 목회자나 지도자가 실수를 하거나 잘못하기도 합니다. 그렇다고 모든 지도자를 이중인격자, 위선자로 여기는 것을 주의해야 합니다.

건강한 치유의 대화는 마음에 어떤 부분이 힘들었는

지, 잘못되었는지를 상대방을 존중하는 태도로 솔직하게 나누는 것입니다.

"그렇게 표현하실 때 제 마음이 많이 힘들었습니다. 왜냐하면 제가 의도한 것이 아니었기 때문입니다."

우리는 대화할 때 상대방을 공격하거나 원망하지 않으면서도 자신의 마음을 표현하며 잘못된 것을 개선해 나갈 수 있어야 합니다. 저는 목회자이기에 마음에 힘든 것이 있어도 그냥 마음에 담아 두고 삭혀야 한다고 생각했습니다. 하지만 영적으로 멘토링해 주시던 한 선배 목사님이 힘든 것을 힘들다고 표현할 수 있는 것이 건강한 상태라는 조언을 해 주셨습니다. 그래서 건강하게 표현하는 것을 훈련하기 시작했습니다. 오히려 그러한 대화를 통해서 오해가 해소되며 관계가 회복되는 것을 경험했습니다.

문제점을 해결하거나 보완하려는 대화가 아니라 다른 것들이 잘못됐다는 결론을 내리면 파괴적 대화가 되어 버립니다. 과연 나와 우리 가정, 소그룹은 파괴적인 대화를 하는지, 치유하는 대화를 하고 있는지 살펴보아야 합니다. 그리고 자신의 정서적 상태를 파악할 뿐만 아니라 표현의 방식을 건강하게 다듬어 가며 절제하는 훈련을 해야 합니다.

우리는 상처받고 불안전한 정서가 복음 안에서 완전히 회복될 수 있다는 것을 확신해야 합니다. 하나님의 마음에 합당한 마음, 하나님의 마음을 닮아 가는 마음 상태를 향하여 가야 합니다. 그분의 마음이 있는 곳에 우리의 마음도 있어야 합니다. 함께 기뻐하고 함께 슬퍼하며 함께 분노하는 것입니다. 그 과정을 통해 우리의 믿음과 관계가 구속의 능력으로 성숙해질 수 있습니다. 예수 그리스도의 구속은 모든 것을 포함한 총체적 능력입니다.

1. 당신은 영적으로 지속적인 성장을 경험하고 있습
   니까, 아니면 정체된 것처럼 느낍니까? 정서적 건
   강과 영적 성장이 어떻게 연결되어 있다고 생각
   합니까?

   _____

   _____

2. 감정은 마음의 길을 형성하기도 하고 마음 상태를
   보여 주기도 합니다. 당신의 정서를 주로 지배하
   는 감정은 무엇입니까? 특별히 예배와 섬김의 자
   리에서 느끼는 감정은 무엇입니까?

   _____

   _____

   _____

3. 우리가 관계 맺는 방식을 공격형, 회피형, 얼어붙음형 세 가지로 구분할 수 있습니다. 당신은 주로 어떤 유형에 속해 있다고 생각합니까?

_____

_____

_____

4. 상처를 주는 관계에서 치유하는 관계로 변화하기 위해서는 그리스도 안에서 정서적인 치유와 회복이 일어나야 합니다. 당신에게는 어떤 감정의 성화가 필요하다고 생각합니까?

_____

_____

_____

_____

Chapter 03.

분노를 다스리는 능력

에베소서 4:25-27; 야고보서 1:19-21

지난 2018년 4월 23일, 캐나다 토론토의 노스요크 지역에서 끔찍한 사고가 있었습니다. 평소 여성 혐오자였던 알렉 미나시안이라는 청년이 자신을 무시하는 여성에 대한 분노에 사로잡혀 행인들이 많이 오가는 인도로 밴을 몰아 사람들을 무자비하게 들이받으며 수백 미터를 질주한 사건이었습니다. 주로 여성들을 타깃으로 삼은 참변으로 순식간에 열 명이 사망하고, 열여섯 명이 부상을 당한 잊을 수 없는 사건입니다.

최근 한국에서도 분노로 인한 끔찍한 사건들이 계속 발생하고 있습니다. 분노와 관련하여 끊임없이 일어나는 사건 사고들이 지금도 우리와 멀지 않은 곳에서 일어나고 있습니다. 정치인들이 자제력을 잃고 분노를 쏟아내는가 하면, 안전해야 할 학교와 신앙 공동체 안에서도 분노를 참지 못해 쉽게 다른 이들에게 상처를 입히고 폭력을 가하기도 합니다. 교회 안에서조차 마찬가지입니다. 신앙생활을 오래 하고 인정받아 직분까지 받았는데 회의 중에 격앙되어 언성을 높이는 어른들도 있습니다. 그뿐만 아니라 가정에서도 부모가 화를 참지 못하고 싸우는 모습을 보며 힘들어하는 청소년들의 상담 요청이 늘어나고 있습니다. 그런데 사실 이런 사건 사고는 현대로 접어들며 어느 날 갑자기 생긴 문제가 아닙니다. 창세기 4장에 기록된 인류 최초의 살인 사건, 형 가인이 동생 아벨을 죽인 가장 주요 원인이 바로 분노였습니다.

이렇듯 절제하지 못하고 즉시 터뜨려 버리는 분노가 있는가 하면, 마음속에 차곡차곡 쌓여 언제 폭발할지 모르는 분노도 있습니다. 절제되지 않은 분노는 정신적인 암세포와 같습니다. 쉽게 번지고 전이되는 속성이 있습니다. 그러다 보니 시간이 지날수록 더 많은 사람이 더 자주 화를 내고 예민하게 반응합니다. 그리스도를 따르며 닮아 가고자 하는 그리스도인에게 분노를 다스리는

일이 왜 이리 어려울까요. 우리는 어떻게 해야 분노를
다스리고 승리할 수 있을까요.

분노를 이해해야 합니다

　분노 자체는 죄가 아닙니다. 성경에도 분노하지 말
라는 내용은 찾아볼 수 없습니다.

　분을 내어도 죄를 짓지 말며… 엡 4:26a

　다시 말해 그 자체가 죄의 감정은 아닙니다. 다만 분
노를 죄의 방식으로 사용하기 때문에 문제가 되는 것입니
다. 왜 그럴까요? 먼저 분노에 대한 이해가 필요합니다.
　분노는 대부분 이차적인 감정입니다. 일차적 감정
은 따로 있습니다. 예를 들어, 거절감, 존중받지 못함,
답답함, 실망감, 슬픔, 두려움, 허탈감, 박탈감 등의 기
본적인 감정들이 일차적 감정입니다. 잘못된 기대나 비
현실적인 기대, 교만함, 낮은 자존감 등도 여기에 포함
됩니다.

다시 창세기 4장으로 돌아가 동생을 죽인 가인의 내면을 들여다봅시다. 그가 분노한 근본적 이유는 바로 거절감이었습니다. 거절감이라는 일차적 감정이 분노라는 이차적 감정으로 이어졌고, 그 분노를 다스리지 못해 결국 동생을 죽이고 말았습니다.

그런가 하면 수치심에서 오는 분노도 있습니다. 실수나 잘못을 지적받아 수치를 느꼈을 때 분노를 표현함으로써 받은 상처를 감추는 것입니다. 상대방이 나보다 약해 보이면 더 분노를 표현합니다. 상처받았다는 것 자체가 자신의 연약함이나 약점을 인정하는 것이기에, 오히려 화를 냄으로써 자신을 보호하고 숨기려 합니다. 결국 자기를 방어하기 위해 분노하는 것입니다. 이럴 때 우리는 분노를 안전하고 정당화할 수 있는 감정으로 인식합니다. 때로는 화내는 것이 행동하는 것보다 안전하다고 여기는 것입니다.

평소에 억눌려 있었던 것, 용납하지 못했던 감정들이 화를 통해 한꺼번에 폭발해 버리기도 합니다. 핵심은 분노하는 데는 이유가 있으며, 분노는 그에 따른 반응이라는 것입니다. 대부분 분노하는 이유를 잘 모르기에 절제하지 못합니다. 따라서 우리는 내가 왜 분노하는지 알아야 합니다. 어느 부분을 건드리면 분노하는지를 성찰하는 것입니다. 그때에 자신을 더욱 이해하게 됩니다. 언제 분노하는지 깨닫고 나면 어떻게 다스릴 수 있는지도 알게 됩니다.

분노를 관리해야 합니다

… 해가 지도록 분을 품지 말고 엡 4:26b

이 구절은 그날이 지나기 전에 무조건 분노를 해결하라는 의미가 아닙니다. 물론 바로 회복할 수 있다면 더 좋겠지요. 하지만 왜 분노하는지 알지도 못한 채 무조건 해결하려고 하면 더 깊은 갈등이 생기거나, 상처를 치료하지 않고 그대로 놔둔 채 반창고만 붙여 놓는 격이 됩니다. 이런 경우 나중에 더욱 심각한 상처가 남습니다.

해가 지도록 분을 품지 말라는 것은 왜 분노하는지 이해하고, 분노를 올바르게 정리하라는 뜻입니다. 분노에는 각각 다른 공간이 있습니다. 용도에 따라 신발장, 옷장, 찻장, 책장이 있는 것처럼 말입니다. 어떤 사람은 자기 자신이나 뜻밖의 상황 때문에 화가 나는 것을 얼토당토않게 엉뚱한 사람에게 화풀이합니다. 배우자나 자녀, 혹은 다른 이들에게 책임을 돌리거나, 아예 모두에게 돌려 버리는 경우도 있습니다. 예를 들어 교회에서 중요한 내용이라 여러 차례 광고했는데도 본인이 집중하지 못해 행사를 놓치고는 교회가 제대로 광고하지 않았다며 화를 내는 것입니다. 어느 집회에 참석했을 때의 일입니다. 그날은 성도들이 평소보다 많이 안 나왔는지 목회자가 회중에게 화를 내는 것을 보았습니다. 참석한 사람은 잘못이 없는데 말입니다. 직장에서 상사 때문에 화가 났는데 집에 와 아내와 아이들에게 화풀이하는 경우와 다를 게 없습니다.

분노를 다스린다는 말은 제자리로 돌려놓는다는 의미이기도 합니다. 불균형적인 분노(Disproportionate Anger)가 있습니다. 잘못한 것보다 더 화를 내는 경우입니다. 약속에 5분 늦은 상대방에게 분노가 폭발하여 하루 종일 화내며 책망합니다. 어떤 경우는 한 번의 훈계로 충분한 자녀의 잘못에 대해 한 달 동안이나 벌을 줍니다. 아이가 편식하는 버릇을 고치겠다며 음식과 상관없는 휴대폰 사용을 금해 버립니다. 직장에서 자존심이 상하는 일이 있었는데, 정작 집에 와서는 느닷없이 아이가 버릇이 없다며 매를 드는 부모도 있습니다. 이런 경우 그 상처는 더 오래갑니다. 분노 자체보다 분노를 발산하는 행위가 적절하지 못했기 때문입니다. 뒤늦게 후회하지만 이미 물은 엎질러진 후입니다. 여기에서 더 심해지면 분노조절장애를 겪기도 합니다.

분노를 잘 조절하지 못하는 그리스도인들이 많습니다. 분노 때문에 성령님의 인도하심을 놓치기도 합니다. 분노를 조절하기 위해서 먼저 신경 써야 할 부분은 언어입니다. 그리고 밀려오는 분노에 휘말리기보다 그 분노를 객관적으로 보아야 합니다. 왜, 무엇 때문에, 그리고 도대체 누구에게 화가 났는지 알고 대처해야 옳은 방향으로 해결할 수 있습니다.

분노를 성화시켜야 합니다

분노의 감정은 잘 파악하고 절제하는 것만으로 끝나지 않습니다. 사실 인성이 좋거나 분노를 잘 조절하는 것과 믿음은 상관이 없습니다. 믿음이 없어도 분노를 잘 조절하는 사람이 많습니다. 그러나 그리스도인은 여기서 한 단계 더 나아가야 합니다. 신앙인의 최종 목표는 온유한 성격이나 인성에 머무는 것이 아니라 예수 그리스도를 닮아 가는 데에 있습니다. 인성이 좋은 사람과 신앙이 좋은 사람의 차이가 여기에 있습니다. 복음의 영향력 가운데 성화 과정을 경험하는 것입니다. 이것이 믿지 않는 이들과의 차이점입니다.

성화는 단순히 분노를 억누르거나 삭히는 것이 아닙니다. 분노의 뿌리, 근원, 원인으로 깊이 들어가는 것입니다.

> 그러므로 모든 더러운 것과 넘치는 악을 내버리고
> 너희 영혼을 능히 구원할 바 마음에 심어진 말씀을
> 온유함으로 받으라 약 1:21

우리는 분노를 관리하며 죄를 짓지 않는 훈련을 해야 합니다. 분노가 생겨도 거룩한 분노로 성화시켜야 합니다. 하나님의 방법으로 분노를 해결해야 합니다.

분노도 오롯이 감정의 요소입니다. 한 번도 화를 내지 않는 사람이 있다면 그것은 오히려 어딘가 이상이 있다는 증거입니다. 예수님도 분노하실 때가 있었습니다. 성경에는 분노하시는 하나님에 대해서도 기록하고 있습니다. 그러나 하나님의 분노는 거룩한 분노입니다. 우리의 감정의 밑바닥에서 진흙을 끌어올리는 듯한 인간적인 분노가 아닙니다. 거룩함과 인간에 대한 사랑을 추구하는 분노입니다.

> 분노가 마음의 토대와 추악한 요소들과 부딪치기 쉽기 때문에, 그리고 우리 심령의 바닥을 휘저어 진흙을 끌어올리기 때문에 분노가 죄 된 느낌이라는 생각에서 벗어나기 어려워진다. … 그래서 이것이 우리가 벗어나기를 기도하게 되는 행동의 흠집이며 성격의 결점이 된다.
>
> 데이비드 A. 씨맨즈, 《어린아이의 일을 버리라》

우리 각 사람은 자신이 분노하는 이유가 무엇인지 잘 알아야 합니다. 그리고 그것을 하나님 앞으로 가지고 나와 인정하고 회개하며 회복을 구해야만 합니다. 예를 들어 가인과 같이 존중받지 못했다는 일차적 감정으로 예민해져서 이차적 감정인 분노를 표출했다면 그 일차적인 감정에 대한 연약함을 가지고 하나님께 나와야 회복을 경험할 수 있습니다. 원인이 회복되면 이차적인 분노 또한 해결됩니다.

사람마다 분노를 부르는 자극점이 있습니다. 자극을 잘 받는 성격을 가진 분들도 있습니다. 가족 중에도, 교회 소그룹 중에도 사용하는 언어나 말투, 이기적인 모습과 무례함 등을 견디지 못할 때 거르지 못하고 감정을 드러내고 맙니다. 그럴 때마다 내면을 들여다보면 늘 비슷한 이유로 화를 내고 있음을 알아차릴 수 있습니다.

기도 가운데 자신을 성찰해 보면 반복되는 자극점들의 공통분모를 찾아낼 수 있습니다. 때로는 가족, 가까운 믿음의 지체들이 사랑하는 마음으로 용기 내어 그 부분들을 지혜롭게 말해 주는 것도 필요합니다. 물론 그럴 때 다시 분노로 반응하는 이들도 있지만 온전한 그리스도인들은 겸손함과 열린 마음으로 그것을 인정할 수 있어야 합니다. 그리고 자신의 자극점들을 기도 가운데 하나님께 고백하고 치유받아 성장할 수 있도록 의도적인 결단을 해야 합니다. 어떤 사람들은 분노 때문에 소중한 것을 잃거나 사랑하는 이들에게 큰 아픔을 준 후에 후회하는 마음으로 상담을 받습니다. 하지만 하나님은 후회에 머무는 것이 아니라 회개로, 그리고 회복으로 인도해 주십니다. 따라서 그리스도인인 우리는 분노를 표출하는 데에 있어 스스로의 문제를 인정하고 절제하여 속사람이 강건해지는 성화를 추구해야 할 것입니다.

악한 분노는 파괴적인 분노입니다. 반면에 선한 분노는 거룩한 분노입니다. 복음의 능력은 악한 분노를 선한 분노로 성화시킬 수 있습니다. 선한 분노는 의의 분노이기도 합니다. 플로렌스 나이팅게일(Florence Nightingale)은 자비의 천사로 알려졌지만, 부상자나 죽어가는 이들이 인간 취급받지 못하는 것을 볼 때는 신념을 가지고 맞섰습니다. 마르틴 루터(Martin Luther) 역시 복음이 왜곡되는 것에 대해 분노하는 신앙인이었습니다. 그가 이런 말을 했습니다.

"나는 분노함으로써 설교를 더 잘하고 기도를 더하게 된다."

그렇다고 모든 분노를 의로운 분노라고 정당화하는 것을 조심하십시오. 설교자가 절제하지 못하여 화풀이 설교를 하거나, 부모가 자녀의 잘못에 대해 책망할 때 무분별하게 자신의 감정을 넣어 화풀이해서는 안 됩니다.

합당한 감정, 거룩한 감정을 적합한 채널(통로)에 담

는 것이 성화의 과정입니다. 아무리 의의 분노라고 해도 하나님이 기뻐하시는 방법으로 표출하지 못하면 파괴적이 될 수밖에 없습니다. 가장 먼저 기도로 쏟아 내는 것이 중요합니다. 성령님의 도우심 가운데 기도할 때, 분별력과 깨달음을 주십니다. 의의 분노가 아니라면 성령 안에서 걸러집니다. 성령 안에서 분노가 거룩한 에너지로 성화되고 영적 승리의 밑거름이 됩니다.

> 노하기를 더디하는 자는 용사보다 낫고 자기의 마음을 다스리는 자는 성을 빼앗는 자보다 나으니라
> 잠 16:32

과연 무엇 때문에 분노하는가를 잘 살펴보십시오. 내 안에 가지고 있는 우선순위와 가치관이 드러날 것입니다. 그러한 요소들이 스스로를 살릴 수도 파괴할 수도 있음을 명심하십시오. 자제하지 못하고 분노하게 만드는 요소들이 성화되도록 기도해야 합니다. 분노를 잘 다스리는 사람이 진정한 영적 거인입니다.

1. 최근 우리 사회에 분노 때문에 벌어지는 끔찍한 사건들이 이어지고 있습니다. 이러한 사건들을 대하는 대중의 태도나 생각은 무엇입니까? 무엇이 이러한 일들을 지속적으로 일어나게 만든다고 생각합니까?

   ....

   ....

   ....

2. 에베소서 4장 26-27절은 분노에 대해서 어떤 교훈을 주고 있습니까? 왜 분노하는 것이 마귀에게 틈을 주는 것이라고 생각합니까?

   ....

   ....

   ....

3. 하나님도 분노하신다고 성경에 기록되어 있습니다. 하나님의 분노와 우리의 분노는 어떤 차이가 있습니까?

....

....

....

4. 분노의 문제를 다루기 위해서는 가장 먼저 기도로 하나님께 우리의 마음을 쏟아내는 것이 중요합니다. 또한 기도 가운데 우리 마음속의 우선순위와 동기를 깨닫게 될 때 분노의 성화를 경험할 수 있습니다. 당신은 기도 가운데 분노하는 감정의 변화를 경험한 적이 있습니까?

....

....

....

Chapter 04

수치심과 원망의 극복

창세기 3:9-12

수치심과 원망은 죄성을 가진 인간의 원초적인 감정입니다. 에덴동산에서 선악과를 따 먹은 인간이 가장 먼저 느낀 감정이 바로 '수치심'과 '원망'이었습니다.

이에 그들의 눈이 밝아져 자기들이 벗은 줄을 알고
무화과나무 잎을 엮어 치마로 삼았더라 창 3:7

아담과 하와는 자기가 벗은 것을 알아차리면서부터 수치심을 느꼈습니다. 흥미로운 사실은 하나님의 명령에 불순종한 것을 괴로워하기보다 벗은 것에 대한 수치스러움을 먼저 느꼈다는 것입니다. 그리고 수치심에 이어진 반응은 원망이었습니다. 아담은 "하나님, 당신이 보내 주신 배우자 때문에 선악과를 먹은 것입니다"라고 원망하며 그 책임을 하나님께 돌려 버립니다.

이렇듯 수치심과 원망의 감정 패턴은 에덴동산에서 뿐만 아니라 우리의 삶과 인간관계 가운데에서도 마찬가지로 일어납니다. 무의식적으로 반복하면서 생각과 마음을 지배해 버립니다. 이렇듯 감정은 습관으로 이어지고 또 그것을 자연스럽게 받아들이며 살아가게 되면서 우리의 관점과 가치관에 영향을 끼칩니다. 분명한 것은 수치심과 원망으로 가득 찬 마음의 상태와 습관을 해결하지 못하면 마음의 건강과 치유에 큰 장애가 된다는 것입니다.

수치심에 대한
영적인 이해가 필요합니다

먼저 죄책감과 수치심을 바르게 구분하고 이해해야 합니다. 대부분 이 두 가지를 구분하지 못하고 혼동합니다.

죄책감(행동, 행위에 초점) vs. 수치심(존재감, 정체성에 초점)

이 둘 사이에는 중요한 차이가 있습니다. 죄책감은 행동이나 행위에 초점을 두지만 수치심은 사람의 정체성이나 존재감에 초점을 둡니다. 예를 들어 나쁜 행동을 했을 때 죄책감이 드는 것이 정상입니다. 그리고 나쁜 행동을 뉘우치는 것은 당연한 일입니다. 반면에 수치심은 나쁜 행동을 한 사람을 나쁜 사람으로 정죄해 버립니다. 그 사람의 정체성과 인격을 판단하고 '나쁜 사람'이라고 결론을 내립니다. 그러나 나쁜 행동과 나쁜 사람은 구별해야 합니다. 누구나 실패할 수 있지만 실패했다고 모두가 실패자가 되는 것은 아닙니다. 따라서 실패자 모두를 정죄해서는 안 됩니다. 많은 경우에 죄책감과 수치심을 구별하지 못해 깊은 상처를 받습니다.

죄책감도 모두 같지 않습니다. 건강한 죄책감은 오히려 회복으로 이끌어 줍니다. 온전한 회개로 나아가게 합니다. 다른 이들에게 미안한 마음을 갖고 용서를 구합니다. 하지만 강박적 죄책감은 파괴적인 영향을 끼칠 수 있습니다. 자신의 잘못된 행동 때문에 괴로워한 나머지 자기 자신뿐만 아니라 모든 관계를 파괴할 수도 있기 때문입니다. 감당하기 어려워지면 책임을 회피하기도 합니다. 용서받을 수 없다고 단정하고 끊임없이 자신을 정죄합니다. 결국 어떤 자아를 가지고 있느냐에 따라 다른 결과를 낼 수 있습니다. 건강한 자아를 가지고 있는 이들은 비교적 건강한 죄책감을 갖습니다. 그 반대의 경우는 강박적 죄책감에 시달리게 됩니다.

하지만 수치심은 항상 부정적으로 작용합니다. 존재감이나 정체성의 영역이기 때문입니다. 물론 수치심을 못 느끼는 것이 건강하다고 이야기하는 것은 아닙니다. 양심에 화인을 맞아 죄책감이 들지 않아 수치심을 못 느낄 수 있습니다. 자라온 환경이나 문화적 배경이 달라 죄책감을 느끼지 못하기도 합니다. 예를 들어 신호를 위반했을 때 어떤 문화에서는 죄책감을 느끼지만, 어떤 문화에서는 별로 상관하지 않을 수 있습니다. 하지만 수치심은 다릅니다. 죄책감이 없더라도 수치심은 느낍니다. 아담과 하와가 선악과를 따 먹은 후에도 하나님 앞에서 죄책감보다는 수치심을 느꼈습니다. 어떤 면에서는 수치심이 더 클 수 있습니다.

예전에 미국의 신학교에서 있었던 일입니다. 고국에서 장학생으로 선발되어 유학 온 어느 외국인 목회자가

논문을 표절했다가 문제가 되었습니다. 담당 교수가 표절이 심각하다고 지적했지만 그 학생은 자기 나라에서는 모두 그렇게 한다며 그것이 얼마나 심각한 문제인지 깨닫지 못하고 잘못이 없다는 주장만 되풀이했습니다. 하는 수 없이 교수는 그 학생을 후원하던 교회에 이 사실을 알릴 수밖에 없다고 했습니다. 그제야 학생은 잘못을 인정하며 절대로 교회에는 알리지 말아 달라고 빌었다고 합니다. 죄책감보다는 수치심 때문이었겠지요. 가끔 뉴스를 통해 끔찍한 범죄를 저지르고도 조금의 양심의 가책도 없는 듯 당당한 모습의 범죄자들을 볼 때가 있습니다. 하지만 그들도 막상 카메라 앞에 서면 얼굴과 수갑을 감추려 합니다. 문제는 수치심을 느끼지 못할 때는 회개하지 않는다는 것입니다.

간혹 어떤 문화권에서는 동기를 부여하기 위해 수치심을 이용하기도 합니다. 굳이 이름을 붙여 보자면 'Shame Based Culture(수치심이 밑바탕 되는 문화)'라고 할 수 있을 것입니다. 우리나라에도 과거에 그런 일들이 있었습니다. 예를 들어 옛날에 어린아이가 잠을 자다가 이불에 오줌을 싸면 발가벗긴 채로 머리에 키를 씌우고 이웃집에 소금을 얻어오게 했습니다. 그날의 수치심을 기억하면서 다시는 그런 일을 못하게 하려는 의도였겠지만, 시간이 지나서 생각해 보니 아동 학대에 가까운 일이 아니었나 하는 생각이 듭니다. 또 제가 한국에서 중학교를 다니던 1980년대만 해도 시험을 보고 나면 1등부터 꼴등까지 모든 학생의 성적을 교내 게시판에 붙여 놓았습니다. 성적이 잘 나온 학생들은 자부심을 가짐과 동시에 계속 좋은 성적을 유지해야만 한다는 부담이 있었는가 하면, 그렇지 못한 학생들은 전교생 앞에 공개된 자신의 성적으로 인해 수치심으로 얼굴을 들지 못했던 기억이 납니다.

교회에서도 수치심을 이용하는 일들이 있었습니다. 예를 들어 새벽기도회에 빠진 성도를 공개적으로 알리고 수치심을 주거나 주보에 헌금을 한 성도의 명단을 공개하는 것입니다. 처음이야 동기부여를 하려는 의도가 있었을 것입니다. 초기 단계에서는 통할지 모르지만 결국 성장과 성숙에 걸림돌이 됩니다. 성도들이 보여주기식으로 신앙생활을 하게 만들어 버리는 것입니다. 신앙의 동기가 수치심이 되어서는 안 됩니다. 누가 보든 보지 않든, 주변에서 어떤 평가를 내리든 우리는 하나님 앞에 솔직하고 건강하게 스스로 나갈 수 있어야 합니다.

그래야 하나님과 깊고 친밀한 교제를 나눌 수 있습니다.

수치스럽지 않으려고 덮어 버리는 것은 가장 본능적이며 즉각적인 반응입니다. 마치 아담과 하와가 죄를 짓고 무화과나무 잎으로 자신들의 수치심을 덮으려고 했던 것과 같습니다. 우리는 위선적인 행동을 하거나 허세를 부리면서, 혹은 현실을 왜곡하면서 스스로의 수치심을 덮습니다. 때로는 완벽주의적인 분주함이나 책임감 등으로 겉치레하고, 선행으로 지은 죄를 덮으려고도 합니다. 언젠가 본 영화에서 마피아가 사람을 죽이고 강도 짓을 일삼다가 교회 예배당에 가서 기도하던 장면이 생각납니다. 정도의 차이는 있겠지만 세상에서 죄를 지은 사람이 교회에 가서는 더 열심히 봉사하고 헌신합니다. 분명한 것은 죄를 보이지 않게 덮는다고 우리가 자유와 회복으로 갈 수 있는 것은 아니라는 사실입니다.

죄에서 벗어나야 하는 이유는 수치심 때문이 아닙니다. 죄가 우리 인생을 해롭게 하고 아프게 하기 때문입니다. 벤자민 프랭클린(Benjamin Franklin)이 이런 말을 했습니다.

"죄는 금지되었기 때문에 아픈 것이 아니라, 아프기 때문에 금지된 것이다(Sin is not hurtful because it is forbidden, but it is forbidden because it is hurtful)."

　죄책감이 들 때는 상대방이나 자신에게 미안해하거나 사죄하는 마음이 생깁니다. 반면에 수치심은 미안한 마음보다는 스스로를 형편없는 사람으로 여기는 자기 비하에 갇히거나, 중독, 우울증, 학대, 나르시시즘 등의 파괴적인 영향을 끼칩니다. 다른 이들뿐만 아니라 자신과 하나님과의 관계에도 상처가 됩니다.

　따라서 우리는 죄책감이나 수치심이 들면 덮어 두기보다는 분명하게 그 원인이 되는 죄를 바로 보고 해결해야 합니다. 그래야 죄책감과 수치심을 제대로 해결할 수 있습니다.

원망에 대한
영적인 이해가 필요합니다

　죄책감과 수치심을 제대로 해결하지 못하면 자연히 누군가를 원망하는 마음이 생깁니다.

　아담이 이르되 하나님이 주셔서 나와 함께 있게 하

신 여자 그가 그 나무 열매를 내게 주므로 내가 먹
었나이다 창 3:12

아담은 먼저 자기 아내를 원망하였고 동시에 하나
님을 원망했습니다. 하나님이 주신 아내 때문에 선악
과를 먹었다고 억지를 부리면서 책임을 전가합니다. 이
것이 죄의 특성입니다. 무슨 일이 생기면 하나님을 원
망합니다.

어떤 자매는 쇼핑몰에 갔는데 주차 공간을 찾기 어
려웠을 때 하나님을 원망했다고 말합니다. 또 어떤 분
은 모처럼 교회에 나왔다가 불법 주차 과태료 통지서를
받고는 "하나님, 저에게 어떻게 이러실 수 있으세요?"라
며 하나님을 원망했다고 합니다.

아이들을 상담하다 보면 부모를 원망하는 사례가 많
습니다. 자라 온 배경, 양육 방식에 대해 원망하는 내용
입니다. 배우자, 동업자, 직장 상사, 직속 사원, 상황 등
원망의 대상도 다양합니다. 학점이 잘 안 나온 학생은
교수나 선생님의 실력이 안 좋고 불공평하다며 원망합
니다.

교회에서도 비슷한 사례들을 많이 볼 수 있습니다.

예전에 L. A. 에서 청소년 사역을 하였을 때의 일입니다. 어느 자매가 운전면허를 취득하자마자 부모님으로부터 자동차를 선물 받았습니다. 부모님은 형편 때문에 맞벌이를 할 수밖에 없었고 하나뿐인 딸에게 보상 심리로 자동차를 사 주었던 것입니다. 하루는 이 자매가 학교 수업을 빼먹고 차를 가지고 친구들과 놀러 갔습니다. 결국 담임 선생님을 통해 이 사실을 알게 된 부모님은 제게 연락을 주었습니다. 그러고는 제가 영적으로 제대로 양육하지 못해서 자기 딸이 바르지 못한 행동을 했다면서 저를 탓하며 화를 내셨습니다. 저 또한 책임을 회피하고 싶지 않았지만 마음은 씁쓸했습니다. 교회 오다가 다른 곳으로 간 것도 아니고 주중에 학교에서 일어난 일이었음에도 부모님은 전혀 책임 의식이 없었습니다.

한번은 이런 일도 있었습니다. 교회를 열심히 섬기던 남자 집사님이 외도하다가 아내에게 들켰습니다. 매우 유감스러운 일이었지만 가정이 회복되기를 바라며 심방을 했습니다. 하지만 아내는 오히려 "교회에서 사역하다가 스트레스를 받아 외도하게 되었다"며 교회를 원망했습니다.

때로는 배우자의 잘못된 선택을 원망합니다. 정치인

들도 현 정권과 전 정권으로 편을 갈라 서로 원망합니다. 어떤 분들은 과거의 목회자를 원망하고, 교회의 분열을 원망하기도 합니다. 그래서 언제 그런 일이 있었냐고 물어보면 이미 30년도 더 지난 일일 때도 있습니다. 그럼에도 여전히 원망에서 벗어나지 못합니다. 이렇듯 원망을 해결하지 못하면 수십년이 지나서까지 그 감정의 지배에서 벗어나지 못합니다. 원망에 사로잡혀 그다음 단계로 나아가지 못합니다.

삶에 있어서 반드시 돌파해야만 하는 것들이 있습니다. 자유, 회복, 열매, 승리의 삶 등을 얻기 위한 돌파입니다. 그런데 원망은 돌파의 가장 큰 장애물입니다. 원망은 결국 책임을 회피하는 것이기 때문입니다. 허물과 실수에 대한 책임의식을 가져야만 합니다. 물론 우리는 모든 책임을 스스로 감당할 수 없습니다. 그 책임의식을 가지고 하나님께 나아가 맡겨야 합니다. 허물은 진정한 회개를 통해 하나님으로부터 용서받을 수 있습니다. 하나님은 우리의 억울함을 위로해 주시며 자유함을 주십니다. 원망에서 벗어나지 못하는 이유는 하나님의 주권, 다스림, 은혜, 섭리를 믿지 못하기 때문입니다. 피해의식에서 헤어나지 못하는 이유도 결국 하나님보다 상대방이나 상황에 에너지를 뺏기고 휘둘리기 때문입니다. 그러다 보니 자신에게 돌아온 불이익, 상처, 잘못된 결과가 상대방 때문이라는 결론을 내리게 됩니다. 하나님의 인도하심과 주권이 아닌 다른 사람이나 상황에 의하여 인생이 결정된다고 생각하기 때문입니다. 결국 이 모든 것은 하나님을 온전히 신뢰하지 못하고 있다는 증거입니다.

십자가에서 인간의 수치심과 원망이 해결되었습니다

예수님은 우리의 죄뿐만 아니라 수치심까지도 십자가에서 감당하셨습니다. 벌거벗은 채로 십자가에서 조롱당하시며 수치심을 감당하셨습니다. 우리는 십자가의 은혜로 죄책감뿐 아니라 수치심에서도 자유로울 수 있습니다. 이것이 바로 복음의 능력입니다.

예수님은 죄로 괴로워하는 이들에게 수치심을 주지 않으십니다. 주님을 세 번이나 부인하며 저주했던 베드로는 자신의 죄와 연약함 때문에 수치스러워 숨기까지 합니다. 그러나 주님은 부활 후 제자들 앞에 나타나셨을 때 베드로의 연약함을 공개적으로 드러내지 않으셨습니다. 그뿐만 아니라 수치심에서 완전히 회복시켜 주셨습니다. 숯불 앞에서 사랑으로 제자들의 먹을 것을 준비하시는 예수님을 바라보며, 베드로는 그날 밤 숯불 앞에서 저지른 자신의 죄를 기억합니다. 베드로는 무너졌던 바로 그곳, 숯불 앞에서 다시 회복되었습니다. 주님은 다른 이들 앞에서 수치심을 드러내지 않으면서도 그의 죄를 해결해 주십니다. 수치심 때문에 앞으로 나아가지 못하는 우리가 되지 않도록 회복시키십니다.

하나님은 선악과를 따 먹은 후 부끄러워 잎사귀로 가리고 있는 아담과 하와에게 가죽옷을 입혀 주셨습니다. 그들의 힘으로는 수치심을 온전히 덮을 수 없기에 직접 가죽옷을 지어 입혀 주시는 하나님의 마음을 볼 수 있습니다. 하나님의 이런 마음은 십자가에서 절정을 이룹니다. 예수님은 죄 없이 인간의 죄를 대신하여 십자가를 감당하시면서도 원망하지 않으셨습니다. 십자가에서 우리 죄를 온전히 책임지셨습니다.

원망을 디톡스하는 힘은 십자가의 은혜입니다. 우리가 하나님의 은혜와 사랑을 가늠할 때 부모의 자식을 향한 사랑에 비교하곤 합니다. 물론 이 둘을 어찌 같다고 할 수 있겠습니까? 그렇지만 조금이나마 어림잡아 생각해 볼 수 있는 것은, 그만큼 자식을 향한 부모의 사랑은 본능적이고 설명하기 어려운 크기이기 때문일 것입니다. 그보다 몇 배나 큰, 가히 가늠할 수 없는 은혜가 바로 하나님의 은혜, 십자가의 은혜입니다. 어떤 죄인도 십자가 앞에 서면 그 죄를 사함받을 수 있습니다.

우리 안에 진정한 회개가 이루어질 때 우리는 자신의 죄를 괴로워하게 됩니다. 동시에 죄의 무게를 감당하며 해결해 주시는 소중한 용서의 은혜를 깨닫게 됩니다. 십자가는 우리가 죄책감이나 수치심에 머물러 있도록 내버려 두지 않습니다. 죄를 해결하는 동시에 정체성, 존재감까지 회복시켜 줍니다. 또한 자신이 어떠한 존재인지를 깨닫게 하는 능력입니다. 존귀한 하나님의 자녀라는 진리를 깨닫게 합니다.

하나님은 돌아온 탕자가 수치심에 머물지 않도록 오히려 먼저 긍휼함 가운데 뛰어가십니다. 오히려 사랑받는 아들이 돌아온 것을 기뻐하며 소를 잡고 잔치를 준비합니다. 이것이 하나님의 마음입니다. 하지만 오늘날 세상에서 방황하는 이들은 교회를 찾는 것을 꺼립니다. 교회에 가면 자신들이 더욱 비참해질 것이라고 생각해 두려워합니다. 교회에 가면 오히려 더 수치심을 느낄 것이라고 오해합니다. 과거 그리스도인들이 보인 안 좋은 이미지 때문일지도 모릅니다. 교회에 변화가 필요합니다. 오히려 복음은 수치심을 느끼지 않으면서 그리스도 안에서 온전한 정체성과 존재감을 회복할 수 있는 능력입니다.

하나님은 자녀인 우리가 예수 그리스도의 십자가 은혜와 능력 가운데 수치심과 원망으로 인한 저주와 심판으로부터 자유함을 누리기를 원하십니다. 하나님의 주권 아래 있는 자녀들은 누군가로 인해 인생이 영원히 망가지는 일은 없습니다. 사탄은 거짓말, 수치심과 원망으로 가득 찬 감정과 왜곡된 생각으로 평생 살아가기를 바랍니다. 하지만 하나님은 여전히 그의 자녀들의 삶을 다스리시며 수치심과 원망으로부터 자유로운 마음을 주십니다. 인생의 반전은 그분의 주권과 구원 가운데 이루어집니다. 십자가의 능력만이 수치심과 원망의 습관을 끊어 버릴 수 있음을 믿는 것이 온전한 믿음입니다.

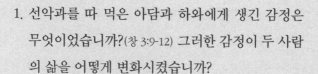

1. 선악과를 따 먹은 아담과 하와에게 생긴 감정은 무엇이었습니까?(창 3:9-12) 그러한 감정이 두 사람의 삶을 어떻게 변화시켰습니까?

----

2. 우리는 대부분 수치심을 느낀 경험이 있습니다. 학교나 사회, 심지어 교회에서도 수치심을 주어 동기를 부여하려는 문화가 있었기 때문입니다. 당신은 그와 같은 경험이 있습니까?

----

3. 죄책감과 수치심의 문제를 제대로 다루지 못하면
   원망하는 마음을 갖게 됩니다. 최근 누군가를 향
   한 원망의 감정을 느낀 적이 있습니까? 그 이유는
   무엇입니까?

....

....

....

....

....

....

....

4. 인간의 깊은 수치심과 원망은 오직 예수님을 통해
   서만 해결될 수 있습니다. 부활하신 예수님이 베
   드로를 다시 만나셨을 때, 예수님은 어떻게 죄의
   문제와 수치심의 문제를 해결해 주셨습니까? 당
   신은 베드로와 같이 예수님 안에서 건강한 자아
   상을 회복했습니까?

....

....

....

....

....

....

HEARTDETOX

Part 2.

파괴된 일상에서
벗어나기

Chapter 05

중독에서의 해방

에베소서 5:3, 18-21

최근 한국의 어느 유명한 배우가 심각한 약물을 장기간 복용해 온 것이 알려지면서 많은 팬을 실망시켰습니다. 요즘 한국에서도 청소년들이 약물을 쉽게 접할 수 있을 정도가 되어 심각한 사회 문제를 일으키고 있습니다. 그리스도인도 중독 문제에서 자유롭지 못합니다. 교리적, 신학적으로는 하나님을 알고 있지만 정작 일상에서는 중독에서 헤어나지 못하는 신앙인들이 의외로 많습니다.

중독의 종류는 다양합니다. 술, 담배, 마리화나, 도박, 음란, 성 등 다양한 중독으로 개인과 가정이 무너지는 것을 주변에서 자주 보게 됩니다. 폭력과 구타로 인해 이혼하게 된 어느 가정의 속사정을 들여다보니 폭력보다 더 심각한 문제는 술 중독에 있었습니다. 스트레스를 받으면 술을 많이 마시고, 술에 취하면 폭력적으로 돌변하는 것이 문제였습니다.

별로 해롭다고 여기지 않던 것들이나 합법적으로 인정된 것이라서 가벼운 마음으로 시작했더라도 중독되면 심각해집니다. 게임, 스마트폰 중독도 심각합니다. 아이폰과 아이패드를 만든 스티브 잡스는 누구나 아이패드를 가져야 한다고 주장했지만 정작 자기 자녀에게는 사용하지 못하게 했다는 유명한 이야기가 있습니다. 노모포비아(Nomophobia, 모바일 결핍 공포증)라는 것이 있는데, 휴대폰이 없으면 불안과 공포에 휩싸이는 병입니다. 수많은 청소년과 젊은이가 노모포비아 증후군을 겪고 있습니다. 휴대폰을 학교나 직장에 가지고 가지 못하면 하루 종일 금단현상을 경험합니다. 교회에 성경책은 안 가져가도 아무렇지 않지만, 휴대폰이 없으면 평안하지 않다고도 말합니다.

쇼핑 중독, 일 중독, 소셜 미디어 중독도 있습니다. 이러한 것들에 마음이 뺏긴다는 것은 일상을 조종당한

다는 것이며 인생의 다른 영역까지 영향을 받습니다. 중
독이라는 덫은 인생을 망가뜨립니다. 관계가 파괴되며,
심하게는 사고와 폭력, 외도로 연결되기도 합니다. 이것
이야말로 사탄이 가장 기뻐하는 일입니다.

사탄은 중독을 통해
우리의 발목을 잡습니다

중독에 빠지는 데에는 다 이유가 있습니다.

그리스도를 경외함으로 피차 복종하라 엡 5:21

인간은 하나님께 의존하며 만족하는 존재로 창조되
었습니다. 그것이 충족되지 못할 때 갈증을 경험합니
다. 하나님으로 채워지지 않은 텅 빈 영혼으로 인하여
무의미함, 무능력함, 무기력함을 느끼는 것입니다. 그
로 인한 스트레스, 외로움, 분노, 삶이 통제되지 않는 데
서 오는 답답함, 두려움, 강박감들을 다른 것으로 대체
하려는 갈망이 생깁니다.

또한 무언가를 통해 보상받고자 하는 마음이 생깁니다. 사람은 누구나 보상받고 싶어 하는 심리가 있습니다. 각자의 보상 체계를 건강한 방법으로 거룩하게 충족하지만, 때로는 옳지 못한 방법으로 채우고자 하는 유혹에 빠지기도 합니다. 담배나 마리화나에 중독되는 것도 일시적으로 안정감이나 열망, 욕망을 채우려는 보상심리 때문입니다.

모든 사람은 습관의 체인을 가지고 있습니다. 정상적인 습관이든 비정상적인 습관이든 이를 통해 원하는 바를 얻고자 합니다.

성령님을 통해 충족되는 체인 vs.
세상, 욕구, 쾌락으로 충족되는 체인

이런 습관의 체인을 반복하다 보면 결국 그것의 다스림을 받게 됩니다. 더 이상 절제할 수 없게 되면 중독의 선을 넘어 버리는 것입니다. 다른 것은 보이지도 않습니다. 가족이 상처받고 있다는 것도, 자신이 망가지는 것도 전혀 보이지 않습니다. 결과가 어떻게 되는지 판단력을 상실하거나 상관하지 않게 되어 버립니다. 나는 예외라고 자만하면서 생각과 마음이 흐트러집니다. 내 삶은 성령님을 통해 충족되는가 아니면, 세상 욕구로 충족되는가를 살펴보아야 합니다. 내 마음이 어떤 보상 체계를 가졌는지를 살펴보십시오.

중독은 영적 전쟁의 측면에서는 발목을 잡히는 것입니다. 유혹은 사탄의 전략입니다. 사탄은 갈망(Want)을 필요(Need)로 착각하도록 교묘하게 바꾸어 버립니다. 그런 다음에는 점점 더 강하고 자극적인 것을 갈망하게 만듭니다. 결국 유혹을 물리치거나 절제하지 못하게 되면 중독의 대상 자체를 우상으로 숭배하게 만들어 버립니다. 마침내 그것의 노예로 전락하게 만들어 버립니다. 예수님이 간절히 필요해서 그분을 갈망하는 것이 아니라 다른 것을 갈망하게 하고, 그것이 없으면 잠시도 살 수 없을 것 같은 지경에 이르게 합니다.

그리고 우리의 삶에 소중한 것들을 하나씩 파괴하기 시작합니다. 사탄은 가정, 자녀, 사회생활, 교회, 사명 등이 파괴되기를 원합니다. 그런데도 오랜 시간을 두고 서서히 덫에 걸린 것이기에 심각성을 영적으로 인지하지 못할 뿐만 아니라 양심의 가책도 받지 않습니다. 중독된 사람들의 이야기를 들어 보면 나름 다 핑곗거리가 있습니다. 자신의 중독을 정당화합니다. 그러나 그 내면을 들여다보면 대부분은 스스로를 감추거나, 어두움 가운데 가두어 놓습니다. 이것이 사탄의 목표입니다. 우리를 무기력한 그리스도인으로 만들어 기쁨과 생명력을 상실한 채 살아가게 합니다.

그러므로 삶이 심각하게 망가져 있음을 깨닫는 순간 하나님께 부르짖어야 합니다. 구원을 갈망해야 합니다. 하나님은 우리가 부르짖을 때 도움을 주십니다. 구원의 손길을 내밀어 주십니다. 그때야 비로소 하나님의 빛과 은혜를 경험하게 됩니다. 대부분 중독의 문제를 먼저 해결해야만 하나님께 나올 수 있다고 생각합니다. 그러나 이것은 사탄의 거짓 음성입니다. 스스로의 힘으로는 해결할 수 없습니다. 먼저 하나님께 부르짖고 나와야 합니다. 그때에 중독의 덫을 끊을 수 있는 힘과 은혜를 주십니다.

그러므로 이제 그리스도 예수 안에 있는 자에게는 결코 정죄함이 없나니 이는 그리스도 예수 안에 있는 생명의 성령의 법이 죄와 사망의 법에서 너를 해방하였음이라 롬 8:1-2

중독에서 벗어나는 비결을
습득해야 합니다

중독은 저절로 끊어지지 않습니다. 희망한다고, 후
회한다고, 뉘우친다고 끊을 수 있는 것이 아닙니다. 심
지어 기도하며 회개하고 괴로워해도 벗어나지 못합니
다. 시간이 지나면 다시 생각나고 빠지기 쉽습니다. 이
미 그때의 쾌락이 생각과 마음, 뇌에까지 깊숙이 입력
되어 있기 때문입니다. 그렇다면 우리는 어떻게 중독
에서 벗어날 수 있을까요? 그 비결을 이해할 필요가 있
습니다.

첫째, 환경의 변화(Rearranging The Setting)를 주어야 합
니다. 중독을 이겨 내기 위해서는 어떠한 환경에 있어
야 하는지가 매우 중요합니다. 상대적으로 중독에 잘 빠
지는 사람이 있습니다. 제임스 클리어(James Clear)는《아
주 작은 습관의 힘》에서 베트남 전쟁에 파병된 군인들
의 마약 중독에 대한 예를 소개합니다. 그 내용에 의하
면 파병된 미군 병사의 15퍼센트 이상이 헤로인에 중독
되어 있었는데, 본국으로 돌아간 후 그중 5퍼센트는 1년
만에 다시 중독되었고, 3년 안에 다시 중독된 이는 12퍼

센트였다고 합니다. 나머지는 집으로 돌아오자마자 중독에서 벗어났다고 합니다. 어떻게 이것이 가능했는가를 살펴보았습니다. 파병된 군인들은 끊임없이 스트레스에 노출되어 있었고, 헤로인에 접근하기 쉬운 환경에 놓여 있었으며, 함께 헤로인을 복용하는 이들과는 끈끈한 동지애를 느끼는데 집은 너무 멀리 떨어져 있었습니다. 그러나 곧 그들의 환경은 정상적으로 바뀌었고, 곧바로 중독에서 벗어날 수 있었습니다.

유혹을 받을 수 있는 상황에서 보내는 시간을 줄일 뿐만 아니라 아예 그런 상황을 만들지 말아야 합니다. 함께 어울렸던 친구들이나, 그런 환경에서 벗어나는 결단이 필요합니다. 도박 중독에서 벗어나려면 도박하는 사람들을 만나지 말아야 합니다. 아이들이 해로운 웹사이트에 들어가지 못하도록 하려면 컴퓨터를 개인 방이 아닌 거실로 옮겨야 합니다. 유혹에 빠지기 쉬운 환경에 먼저 노출되지 않도록 하는 지혜가 필요합니다.

예전에 어떤 형제는 출장을 가서 호텔 방에 혼자 있을 때면 순간적으로 유혹을 이기지 못하게 될까 봐 자신의 소그룹에 있는 친구들에게 솔직하게 나누고 기도를 부탁했다고 합니다. 그의 친구들은 그 형제가 출장

갈 때마다 수시로 문자 메시지를 주고받으며 영적 격려
와 도움을 주어 유혹을 이겨 내게 해 주었습니다. 자신
이 주로 언제, 어떠한 환경에서 쉽게 유혹에 빠지는지를
파악하고 그렇게 되지 않도록 미리 환경을 바꾸는 시도
가 필요합니다.

둘째, 습관의 변화(Replacing With The Good Habits)를 주
어야 합니다.

> 시와 찬송과 신령한 노래들로 서로 화답하며 너희
> 의 마음으로 주께 노래하며 찬송하며 엡 5:19

복음의 능력은 비우는 것만으로 해결되지 않습니다.
채워야 합니다. 나쁜 것을 비워 내는 동시에 좋은 것으
로 채우는 것이 중요합니다. 나쁜 습관을 깨트리는 동시
에 좋은 습관을 만들어야 합니다. 제임스 클리어는 좋은
습관을 만드는 방법을 구체적으로 소개합니다.

좋은 습관을 만드는 방법
신호 – 분명하게 만들어라
열망 – 매력적으로 만들어라

반응 – 하기 쉽게 만들어라

보상 – 만족스럽게 만들어라

나쁜 습관을 깨뜨리는 방법

신호 – 보이지 않게 만들어라

열망 – 매력적이지 않게 만들어라

반응 – 하기 어렵게 만들어라

보상 – 불만족스럽게 만들어라

제임스 클리어가 제시한 방법에 의하면 좋은 것을 쉽게, 즐겁게, 자주 할 수 있도록 채워 가는 것이 중요합니다.

그리스도인은 이것을 영적으로 적용해 보아야 합니다. 건전한 것, 거룩한 것, 덕이 되는 것, 영혼을 살리는 것들로 채우는 것입니다. 말씀과 기도, 감사와 찬양, 주안에서 선하고 신령한 것들이 많이 있습니다. 좋지 않은 영향력에 노출되는 관계들을 과감하게 정리하고 선한 영향력을 얻는 사람들과 정기적으로 만나는 노력도 도움이 됩니다. 교회의 소그룹이나 영적인 친구들을 사귀는 것들은 좋은 예입니다. 쉽게 접할 수 있는 건전한 취미, 운동을 개발해 나가는 것도 필요합니다. 별로 도움이 안 되는 내용들에 하루 종일 노출되어 있기 보다 조금이나마 건설적인 목적을 세우는 것입니다. 목적을 세울 때는 달성하기 쉬운 것부터 시작하는 것이 좋습니다. 작은 습관이 쌓이면 놀라운 축적의 효과가 나타나게 됩니다.

요즘에는 스마트폰이 일주일 단위로 한 번씩 사용량 통계를 알려 줍니다. 저는 최근 그것을 통해서 제가 얼마나 많은 시간을 스마트폰에 사용하는지 파악하게 되었습니다. 특별히 쉬는 날에 많이 사용하고 있었기에 운동하는 시간으로 바꿔 보았습니다. 그러자 몸이 건강하게 되는 만족감을 경험하게 되었습니다. 주위에서 좋아 보인다는 이야기를 들으며 또한 만족감을 얻었습니다. 또한 여유로운 시간이 조금 생기면 글을 써 보기 시작했습니다. 글이 정리가 되었을 때 책이 출간되는 만족을 경험했습니다.

정기적으로 금식하는 것도 좋습니다. 요즘은 금식에 대한 강조가 많이 줄어든 것 같습니다. 음식 섭취를 중단하는 금식도 있지만 미디어, 쇼핑, 인터넷 사용 등 다양한 차원의 금식도 있습니다. 영어로 금식을 'Fasting'

으로 표현하지만 영성가들은 'Feasting(잔치)'으로 표현합니다. 그 시간을 영적인 것으로 채우며 주님과 친밀하게 교제하는 기회로 삼기 때문입니다. 금식은 우리 입맛을 바꾸는 좋은 기회입니다. 우리 입맛은 어떻게 길들이는가에 따라 달라질 수 있습니다. 맵고 짜고 자극적인 것에 길들면 더욱 그런 것들만 찾아 먹게 됩니다. 영혼의 입맛도 마찬가지입니다. 영적이고 신령한 것에 맛을 들이면 더욱 갈망하게 됩니다. 반대로 세상적이고 자극적인 것에 익숙해지면 그것만을 추구하게 됩니다. 말씀과 기도의 거룩한 습관이 무너질 때 유혹에 더욱 노출되고 약해지기 쉽습니다. 그러므로 어떤 습관을 지니고 있느냐는 무척 중요합니다.

성령님은 그리스도 안에서 거듭난 하나님의 자녀 안에 거하십니다. 하나님의 자녀는 영적으로 신령한 것을 갈망합니다. 신령한 것으로 채울수록 영적으로 더욱 강건해져서 해로운 것들을 이겨 낼 수 있는 절제의 능력이 생깁니다.

때로는 두 발짝 앞서다가 한 발짝 후퇴하기도 합니다. 넘어지거나 또다시 같은 유혹에 빠지기도 합니다. 그때마다 사탄은 거짓 음성으로 부질없는 일이라고, 회망이 보이지 않는다고 속삭입니다. 하지만 주님은 우리가 넘어져도 포기하지 않고 다시 일으키십니다. 그리고 회복시키십니다.

셋째, 정체성의 변화(Renewing Our Identity)를 주어야 합니다. 궁극적으로 정체성의 인식이 가장 중요합니다. 습관의 변화를 위해서는 행위, 과정, 정체성이라는 세 가지 차원의 접근 방법이 있습니다. 행위적 접근은 행동을 변화시키려는 노력입니다. 어느 기간 동안, 또는 내 의지로 행동의 변화가 가능합니다. 하지만 이보다 과정의 변화가 더욱 효과적입니다. 그리고 가장 큰 변화를 가져오는 것은 정체성의 인식을 통해서입니다. 예를 들어 건강을 위해 운동하는 것은 행위적 접근입니다. 억지로라도 운동을 하려고 노력하지만, 그보다는 운동하는 과정을 즐기게 되면 더욱 큰 효과를 얻을 수 있습니다. 그리고 가장 좋은 것은 건강한 자신을 꿈꾸며 스스로 멋지다는 정체성을 가지고 지속적으로 운동하는 것입니다.

경건 생활도 마찬가지입니다. 매일 말씀을 읽으려는 훈련이 필요합니다. 그보다 효과적인 것은 말씀을 읽는 과정을 통해 깊은 은혜와 기쁨, 보람을 경험하는 것입니다. 그리고 궁극적으로 하나님의 자녀로서의 정체성을 가지고 말씀을 통해 영적인 양식을 공급받는 존재임을 깨달으며 살아가는 것입니다.

… 이는 성도에게 마땅한 바니라 엡 5:3b

나는 누구인가, 무엇을 위하여 살아가고 있는가, 무엇의 지배를 받고 있는가에 대한 정체성을 인식할 때 중독의 사슬을 끊을 수 있습니다. 그리스도인은 성령의 다스림을 받는 존재입니다. 예수 그리스도께서 다스리시는 삶을 살아갑니다. 이것이 바로 성령 충만한 삶입니다.

술 취하지 말라 이는 방탕한 것이니 오직 성령으로
충만함을 받으라 엡 5:18

일상을 살아가면서 무엇으로 채우며 살고 있는지를 다시 돌이켜보아야 합니다. 하나님은 우리 삶을 지켜보며 동행하고 계십니다. 그분을 기쁘게 해 드리는 삶이야말로 최고의 만족이며 우리에게 주시는 상입니다. 성령으로 채우고 만족하는 삶이 나의 존재를 증명해 줍니다.
자동차는 달리기 위해서 연료를 채웁니다. 성도는 그리
스도의 거룩함을 채워야 합니다. 성도는 성령 충만함으
로 자유롭게 살아가는 존재입니다. 우리를 자유롭게 하
는 복음의 능력을 갈망하십시오.

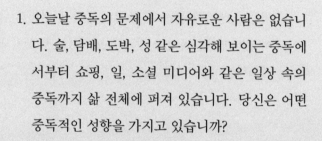

1. 오늘날 중독의 문제에서 자유로운 사람은 없습니다. 술, 담배, 도박, 성 같은 심각해 보이는 중독에서부터 쇼핑, 일, 소셜 미디어와 같은 일상 속의 중독까지 삶 전체에 퍼져 있습니다. 당신은 어떤 중독적인 성향을 가지고 있습니까?

....

....

....

....

2. 중독은 뇌의 보상체계와 습관을 통해서 형성됩니다. 당신의 중독적인 성향은 어떤 보상과 습관의 체인과 연결되어 있습니까?

....

....

....

3. 사탄은 중독으로 우리의 발목을 잡아 넘어지게
   합니다. 이를 통해서 어떻게 우리의 삶을 파괴시
   키는지 생각해 봅시다. 주변에 중독에 걸린 사람
   이 있다면 그 과정과 결과가 어떠했는지 생각해
   봅시다.

   ....

   ....

   ....

4. 중독에서 벗어나는 세 가지 방법은 무엇입니까?
   각각의 내용을 살펴보고 당신의 삶에 어떻게 적용
   할 수 있는지, 주변에 중독에 걸린 사람들을 어떻
   게 도와줄 수 있을지 생각해 봅시다.

   ....

   ....

   ....

   ....

Chapter 06

언어폭력의 치유

에베소서 4:29-32

해결되지 않은 폭력은 또 다른 폭력을 낳습니다. 유명 연예인, 운동선수, 정치인, 고위 관료의 자녀들이 과거 학교 폭력의 가해자로 뉴스에 나오는 것을 보면서 사회적으로 만연해 있는 폭력의 심각성을 실감하게 됩니다. 그뿐만 아니라 가정에서도 배우자나 자녀를 향한 폭력, 그리고 노인들에 대한 폭력이 매우 심각한 지경에 이르렀습니다. 이렇듯 사회 곳곳에서 폭력이 가해지고 있습니다. 드러나지 않아서 모를 뿐 어디에나 폭력적인 사람들이 있습니다.

그중 내적(정서적) 폭력도 심각합니다. 특히 가정, 사회 심지어 교회 안에서 말로써 행해지는 폭력도 내적 폭력에 해당합니다. 일반적으로 육체적인 폭력만 폭력으로 여기지만, 이러한 내적 폭력도 결국 사람을 무너뜨리고 깊은 상처를 줍니다.

하나님은 당신께 영광과 찬양을 드리고 우리가 서로를 잘 세워 나가도록 인간에게 입술을 주셨습니다. 말은 사람을 살리기도 하고 죽이기도 하는 능력이 있습니다.

죽고 사는 것이 혀의 힘에 달렸나니 혀를 쓰기 좋아하는 자는 혀의 열매를 먹으리라 잠 18:21

예수 그리스도 안에 거하며 예수님을 닮아 가야 하는 성도 가운데 여전히 언어폭력이 행해지는 것을 방치하고 있다면 어딘가 잘못되어 있는 것입니다. 그렇다면 그리스도인은 언어폭력에 대하여 어떻게 이해해야 하는지 다루고자 합니다.

언어폭력은
마음에 꽂히는 칼과 같습니다

무릇 더러운 말은 너희 입 밖에도 내지 말고 오직
덕을 세우는 데 소용되는 대로 선한 말을 하여 듣
는 자들에게 은혜를 끼치게 하라 엡 4:29

아프리카 속담에 "말(언어)로 받은 상처는 칼로 받은
상처보다 깊다"는 말이 있습니다. 그럼에도 많은 사람이
언어폭력을 폭력이라고 생각하지 않습니다. 심지어 신
앙생활을 하면서도 자신이 다른 사람에게 말로써 폭력
을 가하는지를 인지하지 못할 때도 많습니다. 입술로 상
대방의 자존감, 존재감, 정체성을 깎아내리기 일쑤입니
다. 언어폭력이 어떤 것인지 인식할 필요가 있습니다.

첫째, 언어폭력은 자존감을 깎아내립니다. 어머니로
부터 깊은 상처를 받은 자매가 있었습니다. 어머니는 화
가 날 때면 "내가 너 같은 걸 낳고도 미역국을 먹었다"라
며 후회의 어감을 섞어 한탄하고는 했습니다. 이 말은
언제나 자매의 마음을 아프게 했습니다. 자매는 자신이
어머니에게 수치심과 후회의 대상이라고 여겼습니다.

둘째, 언어폭력은 자신감을 잃게 합니다. 어느 집사님은 가정에서 언어폭력을 당하고 있었습니다. 타지에서 살아가며 영어를 사용하는 데 어려움은 있었지만 가족을 위해 열심히 일하였음에도 경기 침체로 사업을 유지하는 것이 힘들었습니다. 이에 스트레스를 받은 아내는 "돈도 못 벌어 오면서 밥은 잘 먹네" 하며 속상한 마음을 자주 표현하곤 했는데 이 말에 집사님은 완전히 자신감을 잃고 말았습니다.

셋째, 언어폭력은 평강을 빼앗습니다. 함부로 하는 말은 믿음, 신뢰, 기쁨, 자유, 평강 등 마음의 소중한 것들을 빼앗아 갑니다. 때로는 상대방이나 가정을 모욕하는 말을 하기도 합니다. 그런 말들은 듣는 사람에게 수치와 분노를 불러일으킵니다.

넷째, 언어폭력은 세뇌교육을 시킵니다. 종교적인 폭력이 대표적인 예입니다. 영적인 권위나 직책을 이용해 상대방에게 억지로 행위를 강요하는 것도 폭력입니다. 심지어 설교자가 강단에 올라 하나님의 말씀을 전한다면서 폭력을 휘두를 때도 있습니다. 아무리 설교자라도 해결되지 못한 분노를 엉뚱한 곳에서 표출할 수 있는 위험과 유혹이 있다는 것을 인정하고 철저히 자신의 내면을 성찰해야 합니다.

다섯째, 언어폭력은 상대방을 깎아내리고 주눅들게 합니다. 심한 경우 낙인을 찍어 버립니다. 정치권에서 이런 모습들을 많이 보는데, 일부 신앙인들조차 무분별하게 따라하는 모습을 볼 때는 참으로 안타깝습니다. 우려되어서 그런다지만, 상대방도 얼마든지 다른 생각을 할 수 있다는 것을 인정해야 합니다.

하나님의 자녀로서 해야 할 말이 있고, 해서는 안 되는 말도 있습니다. 그런데 가정과 관계 안에서 자신도 모르게 폭력적인 언어를 사용하는 경우가 많습니다. 2023년 3월 3일 미국의 CNBC에서 보도한 내용이 있습니다. 50년 이상을 함께한 부부들을 조사하면서 알게 된 결과, 관계를 파괴하는 가장 큰 요소가 배우자를 존중하지 않는 무례한 언어 구사라고 합니다.

무릇 그들은 화평을 말하지 아니하고 오히려 평안히 땅에 사는 자들을 거짓말로 모략하며 시 35:20

언어폭력은 하나님의 형상으로 창조되고, 사랑받아야 할 존재의 마음을 무너뜨리는 것입니다. 하나님이 싫어하시는 이러한 말들은 영혼 깊숙이 파고듭니다. 사탄에게 이용당하게 하며 거짓말에 속아 살아가게 합니다. 만약 누군가 제 아내에게 이러한 언어의 폭력을 가한다면 절대 참을 수 없을 것입니다. 저희 아이들에게 거친 말과 모욕하는 말을 한다 해도 마찬가지입니다. 우리는 예수 그리스도의 신부입니다. 하나님의 존귀한 자녀입니다. 하나님이 이러한 언어폭력은 허락하지 않으십니다.

폭력의 길에서 돌아서야 합니다

너희는 모든 악독과 노함과 분냄과 떠드는 것과 비방하는 것을 모든 악의와 함께 버리고 엡 4:31

폭력적이 되는 데는 이유가 있습니다. 겉으로 드러나고, 입 밖으로 내뱉어지는 폭력은 빙산의 일각일 뿐입니다. 토머스 셰넌(Shannon Thomas)은 *Healing from Hidden Abuse*(숨겨진 폭력에서의 치유)에서 사람의 폭력성은 하루아침에 생기는 것이 아니라고 말합니다. 과거에 폭력을 당하고 상처를 받은 것을 치유하지 않아 폭력적인 사람이 된다는 것입니다. 그에 의하면 언어폭력을 가하는 이들에게도 그럴 수밖에 없었던 성장 배경이 있고, 깊은 마음의 상처가 있습니다. 예를 들어 부모나 다른 이들에게 언어폭력을 당했다든가, 학교에서 따돌림을 당한 경험이 있습니다. 그런데 안타깝게도 성장하는 과정에서 자기 속마음의 아픔을 표현하지 못합니다. 그것이 치유되지 못하고 상처로 남으면 원망이 생기고, 다른 이들도 똑같이 폭력을 당해 마땅하다고 여기게 됩니다. 그러면서 나보다 약한 대상을 찾게 되고, 폭력자가 되고 맙니다. 이렇듯 자신도 모르는 사이 언어폭력 가운데 성장하며 낮은 자존감과 정체성이 형성되는 것입니다.

'쓸모없는 놈' '사람 구실 못하는 놈' '무능력한 놈' 같은 말들로 상처를 받아 온 한국 사람이 의외로 많습니다. 저는 미국과 캐나다에서만 25년 이상을 목회하며 많은 영어권 2세들을 목양했습니다. 한국어를 잘 구사하지 못하고 이해하지 못하는 영어권 2세들조차도 가정에서 이런 말들을 많이 들어서인지 그들의 언어로 이러한 표현들을 자연스럽게 사용하고 있었습니다. 자라 오면서 가정에서, 부모에게 들었던 언어를 무의식 가운데 사용하는 것입니다. 많은 민족이 가진 상처는 아닌가 생각해 봅니다. 우리 민족은 일제 강점기 및 수많은 전쟁, 정복과 군림의 대상이 되었던 지난 역사, 군사 정권, 끝없는 비교와 폄하 등을 겪으며 이러한 언어폭력을 당연한 것으로 여기고 억누르며 참아 왔습니다. 비단 우리 민족뿐만이 아닙니다. 식민지 문화 아래서 억압받던 다민족들에도 이와 비슷한 아픔이 있습니다.

복음의 능력과 하나님의 은혜는 치유의 길로 인도합니다. 가장 먼저 입술의 성화가 필요합니다.

> 하나님의 성령을 근심하게 하지 말라 그 안에서 너
> 희가 구원의 날까지 인치심을 받았느니라 엡 4:30

성화 되는 것도 과정이며 시간이 필요합니다. 교회에서 지도자로 섬기는 분들을 포함하여 자신의 언어 표현에 문제가 있는 것을 잘 알고 있지만 잘 고치지 못하는 분들이 있습니다. 어느 장로님은 회의 때마다 "내가 말을 안 하려고 했는데…" 하면서 말합니다. 그런데 생각을 정확하게 표현하지 못하고 분위기를 이상하게 만들어 버릴 때도 있습니다. 그럴 때 유야무야 넘기고는 합니다. 그것이 은혜라고 여깁니다. 하지만 누군가에게, 그리고 공동체에게 깊은 상처를 주고 곪게 됩니다. 필요한 말, 옳은 말을 하더라도 적절한 타이밍과 표현법이 중요합니다. 성숙하게 서로를 존중하는 언어로 표현하는 훈련이 필요합니다. 어떤 분들은 사랑의 표현을 농담으로 합니다. 누군가를 웃게 하기 위하여 다른 누군가를 폄하해 버립니다. 입술이 성화되기 위해서는 인내와 절제가 필요합니다. 치유와 회복이 필요합니다. 입술과 영혼에 성령님의 인치심이 필요합니다. 가장 중요한 것은 거짓된 믿음에서 진실된 믿음으로의 치유와 성화를 경험하는 것입니다. 말씀 안에서 치유된다는 뜻은 더 이상 거짓된 목소리의 지배 아래에 놓이지 않도록 정화되며 말씀으로 무장하는 것입니다.

하나님의 말씀은 천지를 창조하는 능력입니다. 하나님은 죄와 상처로 망가진 영역 또한 말씀으로 재창조하십니다. 우리는 말씀을 들음으로 구원을 얻습니다. 따라서 말씀의 능력은 우리의 입술까지 회복시킵니다. 우리는 믿음 안에서 어떠한 언어를 사용하는지에 대한 자아 성찰의 시간을 반드시 가져야 합니다. 우리가 사용

하는 언어나 가정에서의 대화가 서로를 살리며 세우는
가 아니면 폭력적이고 파괴적인가에 대해 성찰해 봐야
합니다. 새로운 언어를 주시는 하나님을 기대해야 합
니다.

언어폭력에 대처해야 합니다

언어폭력에 대해 어떻게 맞서야 할까요?

첫째, 문제를 직시해야 합니다(Facing The Problem). 누
군가가 나에게 폭력적인 말을 할 때 괜찮지 않다고 말
할 수 있어야 합니다. 아프다고, 힘들다고 말해야 합니
다. 무례하게 오고 가는 폭력적인 말에 단호하게 반응
해야 합니다. 우리는 존중받고 사랑받아야 할 존재입니
다. 허물을 사랑으로 덮는 것에 대해 오해하면 안 됩니
다. 서로에게 준 상처와 폭력을 없었던 일로 아무렇지
않게 넘어가는 것이 덮는 것은 아닙니다.

많은 경우 교육이 필요합니다. 특히 학교, 직장, 교회
에서 이와 같은 일이 생겼을 때 그냥 받아들여야 한다고
여기는 것은 잘못입니다. 목장이나 모임에서도 모른 체

하는 것이 인내와 관용이 아닙니다. 아닌 것은 아니라고 말해야 합니다. 목자나 영적인 리더가 용기 내 잘못되었다는 것을, 덕이 되지 않음을 인정해야 합니다. 결국 통회하는 마음으로 회개해야 합니다. 치유를 구하는 마음으로 나아가야 합니다.

둘째, 경계선을 만들어야 합니다(Creating Boundary). 서로가 지켜야 할 것이 무엇인지 분명하게 얘기해야 합니다. 똑같은 수준으로 반응할 필요도 없습니다.

언어폭력에 대응하려면 담대함이 필요합니다. 어느 성도님이 용기를 내어 성가대에 들어갔습니다. 그런데 어느 나이가 지긋한 집사님이 "성가대에 개나 소나 다 들어오나?"라며 비아냥거렸습니다. 그 말을 들을 때 기분이 언짢고 속이 상하지만 그렇다고 해서 상대방과 같은 수준으로 대꾸할 필요는 없습니다. 마음속에 넘어서는 안 될 명확한 경계선을 그어 놓는 것이 더 중요합니다.

Externalizing(외면화) vs. Internalizing(내면화)

경계선을 긋는다는 것은 폭력적 언어를 외면화하는

것입니다. 없었던 일로 하는 것이 아니라 문제를 그 사람의 일로 드러내 보이는 것입니다. 그것을 내면화하여 나의 정체성, 존재감이 피해를 입는 것을 차단해야 합니다. 그래도 그 사람이 나아지지 않으면 거리를 두어야 합니다.

셋째, 하나님의 시선으로 바라보기를 간구해야 합니다(Praying For God's Perspective). 하나님의 시선으로 바라보려면 훈련이 필요합니다. 하나님의 시선으로 보면 우리 모두 피해자인 동시에 가해자입니다. 우리 또한 누군가에게 상처를 준 적이 있기 때문입니다.

> 서로 친절하게 하며 불쌍히 여기며 서로 용서하기
> 를 하나님이 그리스도 안에서 너희를 용서하심과
> 같이 하라 엡 4:32

하나님의 치유가 나에게 임하도록 구하는 동시에 상대방에게도 임하도록 기도해야 합니다. 마음의 용서가 있어야 합니다. 아울러 '나는 과연 어떠한 사람으로 쓰임 받기 원하는가?' '파괴적이거나 위협적인 존재, 또는 상처를 주는 존재인가, 아니면 살리고 세우는 존재인가?'를 살펴보아야 합니다.

우리는 하나님의 언어를 습득해야 합니다. 우리가 외국에서 살게 되면 그 나라의 언어를 배워야 하는 것처럼 말입니다. 처음에는 서툴 수 있습니다. 그러나 계속 말하는 훈련을 해야 합니다. 저는 청소년기에 캐나다로 이민을 왔습니다. 영어를 배워야 하는데, 처음에는 쉽지 않았습니다. 연습과 훈련이 필요했습니다. 그러던 중 기도하면서 아이디어를 얻었습니다. 기도를 영어로 하는 것이었습니다. 하나님과 연습하는 것이었습니다. 그래서 서툴지만 성경을 영어로 읽기 시작했습니다. 영어 찬송가 가사를 나의 언어로 바꾸어 기도했습니다. 결국 성경과 찬양의 언어가 나의 일상의 언어가 되었습니다. 일상의 언어가 경건한 언어, 사랑의 언어, 격려의 언어로 바뀌게 된 것입니다. 천국 언어도 마찬가지입니다. 예수 그리스도 안에서 중생을 경험한 하나님 나라의 백성은 천국 언어를 사용하려고 노력해야 하고 구사해야 합니다. 우리의 사명은 언어를 포함하여 모든 영역에서 그리스도의 평화를 이루는 것입니다.

나눔 질문

1. 언어폭력은 마음에 꽂히는 칼과 같이 깊은 상처를 줍니다. 지금까지 당신은 어떤 언어폭력으로 인한 마음의 상처를 경험하셨습니까?

2. 언어폭력의 네 가지 특징은 무엇입니까? 우리 가정이나 교회 공동체는 어떠한 언어들을 주로 사용하고 있습니까? 언어폭력의 특징들이 자주 나타나고 있지는 않습니까?

3. 언어폭력의 상처에서 치유와 회복을 얻는 것도 필요하지만, 그러한 폭력에 대해 지혜롭게 대처하는 것도 중요합니다. 건강하게 언어폭력에 대처하는 세 가지 방법은 무엇입니까? 특별히 나에게 와닿는 부분은 무엇입니까?

---

4. 외국어를 잘 습득하기 위해서는 끊임없는 반복과 훈련이 필요합니다. 우리가 배워야 하는 천국의 언어는 무엇이라고 생각합니까? 특별히 축복의 언어가 가진 힘에 대해서 생각해 보고 가정과 공동체 안에서 사용하고 싶은 말을 적어 봅시다.

Chapter 07

우울증에서
참 기쁨으로의 회복

시편 42편

'코로나 블루'라는 말이 생길 정도로 팬데믹을 지나는 동안에 예상치 못한 무기력함과 우울증을 경험한 성도들이 많습니다. 그럼에도 정작 상담은 꺼린다는 말을 들은 적이 있습니다. 물론 코로나 팬데믹 이전부터 우울증으로 고생하는 사람들의 숫자는 계속 늘고 있었습니다. 대한민국의 의료전문 언론기관인 "메디칼타임즈"에서 조사한 통계에 의하면 한국에서 우울증과 불안장애로 의료기관을 찾은 20대가 각각 127.1퍼센트, 86.8퍼센트 폭증한 것으로 나타났다고 합니다(2022년 6월 24일).

그뿐만 아니라 보건복지부는 2022년 1월 우리나라 성인의 18.9퍼센트가 우울증 위험군으로 코로나 팬데믹 이전에 비해 약 다섯 배가 증가하였고, 자살 생각을 하고 있는 비율은 13.6퍼센트로 이는 코로나 팬데믹 발생 초기에 비해 40퍼센트 증가한 것으로 나타났다고 발표했습니다.

제가 사는 북미 지역 또한 심각합니다. 코로나 팬데믹 전에도 무려 1,700만 3천 명 이상의 미국 성인이 우울증을 앓고 있는데, 이는 전체 18세 이상 성인의 7.1퍼센트가 되는 숫자입니다(National Institute of Mental Health "Major Depression", 2017). 이 숫자는 해마다 꾸준히 증가하였고 코로나 팬데믹 기간(2020.8-2021.4)에는 증가율이 36.4퍼센트에서 41.5퍼센트로 더 올라간 심각한 상태라고 합니다(CDC: Centers for Decease Control and Prevention, 2022).

이렇듯 가정, 사회, 교회 안에서도 우울증으로 고통받는 분들이 생각보다 많습니다. 그러다 보니 누구나 우울하다는 말을 쉽게 내뱉습니다. 그러나 복음은 우울증을 이기는 능력이 있습니다. 성경에도 우울감을 경험했던 인물들이 있습니다. 예를 들어 아브라함(창세기 15장)

이나 엘리야(열왕기상 19장), 다윗(시편 38:6, 8)도 우울감을 경험했습니다. 성경의 인물들조차도 겪었다면 우리는 더더욱 예외가 될 수 없습니다. 우울증으로 고통받는 이웃이나 자기 자신을 무조건 영적으로 문제가 있다고 정죄하거나 판단하는 것을 조심해야 합니다. 그렇다면 어떻게 이러한 우울증을 극복할 수 있을까요?

우울증의 원인을
찾아야 합니다

문제나 병을 치료하고 극복하기 위해서는 먼저 그 원인을 찾아야 합니다. 우울증도 마찬가지입니다. 여러 원인이 있기에 흑백 논리로 단정지어서는 안 됩니다.

첫째, 정서적 원인(Emotional Cause)이 있습니다. 혼자라고 여겨질 때의 상실감, 고립감, 소외감, 단절감도 원인이 됩니다.

사람들이 종일 내게 하는 말이 네 하나님이 어디 있느뇨 하오니 내 눈물이 주야로 내 음식이 되었도다시 42:3

시편 기자는 외로움 때문에 괴로워하고 있습니다. 외로움은 우울증의 큰 원인 중 하나입니다. 미국의 심리학자이자 목사인 로버트 닐(Robert E. Neale)은 *Clinical handbook of pastoral counseling*(목회 상담 의료 수첩)에서 "외로움은 무언가를 잃어버렸기에 느끼는 것… 부족하다고 느끼는 것이 내가 가지고 있는 것보다 더 큰 영향력을 끼칠 수도 있다"고 말했습니다. 예를 들어 사랑하는 사람이 떠나고 난 빈 공간을 생각하면 외로움이 밀려옵니다. 소중한 무언가가 사라진 듯합니다. 나를 이해해 주는 사람도 없고, 딱히 마음을 나눌 사람도 없다는 생각이 듭니다. 이런저런 생각에 깊이 빠지다 보면 우울증에 노출되기 쉽습니다.

둘째, 영적 원인(Spiritual Cause)이 있습니다. 죄를 짓거나 하나님과의 관계가 어긋났을 때, 혹은 죄책감 등을 느낄 때가 여기에 해당합니다. 오해하지 말아야 할 것은, 모든 우울증이 죄 때문에 생기는 것이 아니라는 사실입니다. 하지만 성경을 보면 영적인 원인도 있습니다. 죄로 인해, 아니면 영적인 교제가 단절되어 우울증을 겪는 것입니다. 가인이 그랬습니다. 그는 죄 때문에 마음이 무거워졌습니다.

가인이 여호와께 아뢰되 내 죄벌이 지기가 너무 무
거우니이다 창 4:13

분명한 것은 사탄은 우리 안에 해결되지 않은 죄, 그
리고 죄책감이라는 약점을 집요하게 공격하여 우리의
감정과 관계를 억누를 뿐 아니라 고립감을 심어 주고 심
지어 자살 충동을 느끼게도 한다는 것입니다. 그렇다고
해서 우울증을 무조건 영적으로 해석하여 귀신을 내쫓
듯이 대처하는 것은 위험합니다. 오히려 더 파괴적이 될
수 있습니다. 그러나 분명한 것은 사탄은 끊임없이 이러
한 약점을 무기로 사용한다는 것입니다.

셋째, 화학적 원인(Chemical Cause)이 있습니다. 화학
적 불균형(Chemical Imbalance)으로 인한 우울증에 대해서
는 간단히 설명할 수 없습니다. 하버드 의학대학(Harvard
Medical School)에서 발표한 내용을 보면 우리의 뇌는 복
잡해서 백만 개 이상의 화학적 반응이 동시에 일어난다
고 합니다. 오래 전에 발표된 것이긴 하지만 기질 이론
(Temperament Theory)에 따르면 인간의 기질과 성향은 체
액의 성분에 따라 네 가지 기본 유형으로 나누어진다는
연구 결과도 있었습니다. 검은색 담즙, 점액, 혈액 그리

고 노란색 담즙의 네 가지 체액에 대응하여 기질이 결정된다는 내용으로, 어느 체액이 우세하냐에 따라 그 사람의 기본 기질이 규정된다는 이론입니다. 예를 들어 검은색 담즙이 많은 사람은 멜랑콜리의 기질을 가진 우울질, 점액이 많은 사람은 감정 기복이 없이 무난한 점액질, 혈액을 많이 가진 사람은 다혈질, 그리고 노란 담즙이 많은 사람은 의지가 강하고 적극적인 담즙질의 기질을 가진다고 합니다. 그밖에 어떤 트라우마나 사건 등을 통한 정신적인 고통이나 충격으로 화학적 불균형이 일어날 수도 있다고 합니다.

전 세계적으로 유명한 어느 목회자의 자녀가 수년 동안 우울증으로 고통을 겪고 그로 인하여 스스로 생을 마감했을 때 많은 그리스도인이 아파했지만, 논란도 있었습니다. 제가 미국에서 신학교에 다닐 때 학생들을 지도하는 조교가 어느 날 갑자기 목숨을 끊는 충격적인 사건이 있었습니다. 우울증으로 오랫동안 약을 먹고 있었는데, 스스로 해결해 보려는 생각으로 약을 끊었다가 그만 충동적으로 자살한 것입니다. 당시 신학생들 사이에 논쟁이 있었습니다. 그러나 정신적으로 어려움을 겪는 이들을 우리가 섣불리 정죄하거나 판단해서는 안 됩니다.

감정의 파도에서 벗어나
은혜의 파도로 가야 합니다

감정은 파도와도 같습니다. 우울증을 고통의 바다라고 말합니다. 마치 급물살을 타듯이 한 번 빨려 들어가면 헤어나기가 어렵습니다. 감정의 노예가 되어 버리는 것입니다. 엄밀히 말하면 우울증은 슬플 때 슬퍼지는 게 아니라 기뻐야 할 때 기쁨을 느끼지 못하는 데 문제가 있습니다. 기쁘고 감사해야 할 것들이 많은데, 얻은 것, 받은 것은 외면하고 상실감에 집중합니다. 죽음과 어두움에 집중해서 삶을 보지 못합니다. 실망과 절망에 집중한 나머지 소망을 보지 못합니다.

특히 영적인 우울증의 특징 중 하나는 거짓 음성의 노예가 되는 것입니다. 마치 누군가 옆에서 '그래 봤자 아무런 가치가 없어' '아무리 열심히 해도 소용없는 일이야' '너란 존재는 아무것도 아니야' '너만 조용히 사라지면 돼' '네가 없어져도 아무도 신경 쓰지 않을 거야' 하고 속삭이는 것을 경험합니다. 모두 거짓되고 비논리적인 음성인데도 우울증을 겪게 되면 이런 생각들이 마음뿐 아니라 온 몸을 무겁게 짓누릅니다. 그리고 이런 거짓의 소리에 압도됩니다.

그럴 때 우리는 고통의 파도에서 은혜의 파도로 나아가야 합니다. 하나님을 기억하도록 성령님이 도우십니다.

> 내 하나님이여 내 영혼이 내 속에서 낙심이 되므로 내가 요단 땅과 헤르몬과 미살 산에서 주를 기억하나이다 주의 폭포 소리에 깊은 바다가 서로 부르며 주의 모든 파도와 물결이 나를 휩쓸었나이다
>
> 시 42:6-7

시편 기자는 은혜의 파도에 휩쓸렸다고 고백하고 있습니다. 은혜의 파도는 상황을 초월하여 우리를 하나님이 주신 기쁨과 감사로 휘감아 버립니다. 또한 낮이나 밤에도 인자하신 하나님을 찬양하게 합니다.

> 낮에는 여호와께서 그의 인자하심을 베푸시고 밤에는 그의 찬송이 내게 있어 생명의 하나님께 기도하리로다 시 42:8

주의 인자하심이 나를 주야로 둘러싸고 있음을 인식하기 시작할 때가 은혜의 때입니다.

가장 큰 은혜의 증거는 어떤 상황에서도 하나님만 바라보게 되는 것입니다. 여기를 봐도, 저기를 봐도 하나님이 계심을 알게 되는 은혜입니다. 잘되어도, 잘 안돼도 하나님이 보이는 은혜입니다.

사람의 심령은 그의 병을 능히 이기려니와 심령이
상하면 그것을 누가 일으키겠느냐잠 18:14

성령님의 역사로 우리 심령이 강해집니다. 우리는 치유를 약속받았습니다.

의식적으로 도움을 구하는
용기가 필요합니다

우울증으로 힘들 때 우리는 스스로 고립될 것인가, 아니면 도움을 청할 것인가를 선택해야 합니다. 혼자 있을 때 의식적으로 도움을 구해야 합니다. 도움을 구할 때는 용기가 필요합니다.

요즘은 정신과 치료나 심리 상담에 대한 생각이 많이 열려 있습니다. 예전에는 상담받는 것 자체를 꺼렸지만 이제는 더 큰 문제가 생기기 전에 상담을 요청하는 경우가 많습니다. 교회에서도 목회 상담, 멘토링, 코칭, 소그룹의 나눔 등 다양한 방식으로 도움을 받을 수 있습니다. 요즘 북미에 있는 많은 신학교에는 목회학보다 상담학을 공부하는 학생들 숫자가 늘어나는 추세입니다. 단편적으로 우려가 되는 부분이 있지만, 한편으론 그만큼 필요와 관심이 많다는 것을 보여 줍니다. 제 아내가 상담학으로 학위를 마치기 전 졸업 조건은 부부 상담을 받는 것이었습니다. 때문에 저도 처음으로 전문 상담을 아내와 함께 받게 되었습니다. 북미의 많은 주류 교단들은 목회자가 안수나 임직을 받기 전 상담을 받는 과정을 요구하기도 합니다. 이와 같이 지도자들이 상담을 받는 것이 자연스러워지고 있는 추세입니다. 목회자라고 하여 상담을 피하기 보다는 어려움을 인정하고 도움을 받으면서 치유의 과정을 성도들과 나누게 되면 성도들도 상담에 대한 의식이 열릴 수 있습니다.

내 영혼아 네가 어찌하여 낙심하며 어찌하여 내 속
에서 불안해 하는가 너는 하나님께 소망을 두라 그
가 나타나 도우심으로 말미암아 내가 여전히 찬송
하리로다 … 주를 기억하나이다 시 42:5-6

우리는 습관적, 의식적으로 반복해서 하나님을 기억
해야 합니다. 이러한 의식적인 기억 훈련이 중요합니
다. 또다시 감정의 파도에 떠밀려 가지 않으려면 적극
적으로 맞서야 합니다. 하나님을 찬양하는 훈련을 반복
해서 하는 것입니다. 하나님의 뜻에 귀 기울이는 반복
훈련이 필요합니다.

하나님이여 사슴이 시냇물을 찾기에 갈급함 같이
내 영혼이 주를 찾기에 갈급하니이다 시 42:1

시편 기자는 간절한 마음으로 하나님께 나아가 그분
의 도우심을 구하고 있습니다. 도와주시려면 도와주시
고 아니면 그만이라는 식의 기도가 아닙니다. 이 어두
움에서 벗어나기를 갈급하는 마음으로 간절히 하나님
의 도우심을 구해야 합니다.

우리 삶에는 동행하는 친구와 공동체가 반드시 필요합니다. 또한 누군가 도움을 요청한다면 그 음성에 민감하게 반응해야 합니다. 최근에 이웃 교회 청년이 스스로 삶을 마감했다는 충격적인 소식을 접하게 되었습니다. 그 청년은 삶을 정리하고 싶다고 교회 목회자, 소그룹 지도자에게 호소하였습니다. 하지만 서로가 분주한 나머지 청년에게 손 내밀 타이밍을 놓치고 말았습니다. 청년은 교회 예배와 소그룹에 매주 출석했고, 심지어 스스로 삶을 마감한 날은 저녁에 교회 체육관에서 농구까지 했습니다. 그날 청년은 함께 운동한 지체들과 저녁 식사를 하고 집으로 돌아가 스스로 생을 마감했습니다.

내가 전에 성일을 지키는 무리와 동행하여 기쁨과
감사의 소리를 내며 그들을 하나님의 집으로 인도
하였더니 이제 이 일을 기억하고 내 마음이 상하는
도다 시 42:4

우울증을 앓고 있는 사람들에게는 어떤 사람과 함께 있느냐가 매우 중요합니다. 성일을 지키는 무리와 동행하는 것이 큰 도움이 된다고 말씀하고 있습니다. 우리는 기쁨과 감사의 소리를 내는 사람들이 주위에 있을 때 힘을 얻습니다. 사기를 북돋워 줄 수 있는 하나님의 사람들이 필요합니다. 이들을 통해 격려받고, 하나님의 사랑을 받고 있음을 느낄 때 구체적인 도움을 받게 될 것입니다. 반면에 불평하고 부정적인 사람들에게 둘러싸이면 더 깊은 수렁에 빠질 수 있으니 조심해야 합니다.

우울증이 있다는 것은 무언가 소중한 것을 갈망하고 있다는 역설적인 증거입니다. 소중한 것을 잃은 상실감이 있다는 것은 역설적으로 소중한 것을 누린 경험이 있다는 증거입니다. 관계가 소원해진 데에서 느껴지는 외로움은 그만큼 기쁨을 갈망하고 있다는 증거일 수 있습니다. 그때 공동체에서 누구 한 사람이라도 손을 내밀어 주면 작은 소망을 얻게 됩니다. 한 마디, 한 순간이 사람을 살릴 수 있는 계기가 될 수 있습니다.

하나님은 우리가 어떤 상황에 놓여 있더라도 우리를 만나 주시고 다시 채워 주시는, 전능하시며 사랑과 기쁨이 충만하신 분입니다. 억지로 그러한 감정을 만들라는 것이 아닙니다. 성령님과 함께할 때 자연스럽게 맺히는 열매입니다. 기쁨과 희락을 주시는 하나님, 그리고 하나님과 동행하는 자들이 누리는 열매를 갈망하기 바랍니다. 하나님이 채워 주겠다고 약속하십니다. 우리의 심령을 어루만지며 채워 주시는 분은 오직 예수 그리스도뿐이십니다.

1. 코로나 이후로 우울증과 무기력함을 경험하는 사
   람들이 계속 늘어나고 있습니다. 우울증을 단순
   히 영적인 문제로 쉽게 정죄하거나 판단하는 일
   에 대해서 어떻게 생각합니까?

   ....

   ....

   ....

   ....

2. 우울증은 크게 세 가지의 원인을 근거로 살펴보아
   야 합니다. 각각의 관점은 무엇이며, 이를 통해 어
   떤 것을 배울 수 있습니까?

   ....

   ....

   ....

   ....

3. 지금 당신의 삶을 돌아볼 때 상실감이 다스리고 있습니까, 기쁘고 감사한 일들에 집중하고 있습니까? 부정적인 생각들을 불어넣는 거짓 음성이 더 크게 들립니까, 어떤 상황에서도 함께 계시는 하나님이 더 분명하게 느껴집니까?

....

....

....

4. 주변에 우울증으로 힘들어하는 사람들을 어떻게 도와주어야 할까요? 구체적으로 어떤 방법들이 있을지 생각해 봅시다.

....

....

....

....

HEARTDETOX

Part 3.

무너진 관계를
다시 세우기

Chapter 08

관계의 건강한 회복

에베소서 5:1-2

인간은 관계를 위해 창조되었습니다. 하나님은 관계의 하나님이십니다. 성부, 성자, 성령 하나님은 당신의 형상대로 인간을 창조하셨기에, 우리 인간은 관계를 통해서 하나님을 온전히 알아갈 수 있습니다.

자녀는 부모에게 기본적으로 관계 맺는 법을 배웁니다. 형제와의 관계를 통해 혼자가 아님을 배우며 양보, 배려, 인내, 용서하는 법을 체득합니다. 그리고 친구를 통해서는 사회적 사귐을 배우며 세상을 살면서 자기 뜻대로 되지 않는 것이 있다는 것도 알게 됩니다. 교회를 통하여는 섬김, 지체 의식을 배우고, 나와 다른 경험과 은사, 다른 성향의 사람들이 있으며 그들을 어떻게 용납하는가를 알게 됩니다. 이러한 것이 건강한 관계를 맺는 기본자세입니다.

그러므로 사랑을 받는 자녀같이 너희는 하나님을 본받는 자가 되고 엡 5:1

성경을 보면 하나님이 가정을 허락하신 이유가 관계 때문임을 알 수 있습니다. 우리는 배우자를 통해 서로가 다름을 알게 됩니다. 그리고 서로 그 다름을 이해하고 돕는 가운데 깊고 넓게 하나님을 알아갈 수 있습니다.

여호와 하나님이 이르시되 사람이 혼자 사는 것이 좋지 아니하니 내가 그를 위하여 돕는 배필을 지으리라 하시니라 창 2:18

'돕는 배필'은 단순히 '도우미의 역할을 하는 자'라는 의미가 아닙니다. '온전케 하는 자'를 의미합니다. 하나님이 의도하신 온전한 인간이 될 수 있도록 서로를 섬기는 것을 말합니다. 배우자가 부르심, 은사, 사명을 온전히 감당할 수 있도록 적극적으로 협력하며 부족한 부분들을 채워 주는 것입니다.

지난 20년 동안 청년들의 결혼식 주례나 부부학교 사역을 하면서 알게 된 것이 있습니다. 어떤 부부는 부족한 점이 많은데도 결혼 후에 서로의 가능성이 확대될 것을 믿고 성장할 수 있도록 도움을 주는가 하면, 어떤 부부는 각자 받은 은사, 열정, 달란트가 탁월함에도 함께하는 가운데 서로의 성장에 걸림돌이 됩니다. 어떤 관계 유형을 세워 나가는가에 따라 인생의 방향이 달라질 수 있다는 것입니다. 건강한 관계는 서로를 통하여 자신을 깨닫고 성장하며 성숙해지는 동시에 상대방을 존중하며 사랑하는 것입니다.

영성 학자인 달라스 윌라드(Dallas Albert Willard)는 "개인과 공동체가 자유 가운데에서 서로를 인식하며 손을 잡고, 하나님과 대화하며 동행하는 관계여야 한다"고 말합니다. 하지만 현실은 왜 그렇지 못할까요?

죄 때문에 관계가 손상됩니다

선악과를 따 먹은 후에 인간은 하나님과의 관계, 부부 관계, 형제와의 관계, 사회적 관계 등 모든 영역에서의 관계가 손상되었습니다. 더 구체적으로는 관계 맺는 방식이 손상되었습니다.

부모와 자녀 사이라고 해서 관계 맺는 방식이 완벽할 수는 없습니다. 요즘 TV를 보면 자녀 양육 상담 프로그램이 많은 인기를 끌고 있습니다. 그만큼 부모와 자식 간 깨어진 관계를 어쩌지 못해 어려움을 겪는 가정이 많다는 의미일 것입니다. 사실 지금의 부모 세대는 전쟁을 겪은 이전 세대를 부모로 두었기 때문에 체계적인 양육을 받지 못한 경우가 많습니다. 거기다 급격한 사회적 발전과 변화를 겪어 왔기 때문에 아무래도 관심의 대상이 생존, 학습, 성공 등에 쏠려 있습니다. 그러다 보니 자녀 양육이나 상담에 대한 필요성은 상대적으로 절실히 느끼지 못했습니다. 자신이 그렇게 자라지 못했으니 자녀와도 좋은 관계를 유지하기가 어렵고, 도리어 자녀를 향한 소유욕을 보이는 경우가 많습니다.

존 볼비(John Bowlby)는 유아와 부모 간 관계 형성 유형을 설명했는데, 그것이 애착 이론(Attachment Theory)입니다. 아이가 두려움을 느낄 때 부모에게 어떤 방식으로 표현하는가를 관찰해 보면 그 아이가 다른 존재와 어떻게 관계를 맺어 가는가를 알 수 있다는 것입니다. 존 볼비는 어린아이들이 낯선 공간과 상황에서 부모와 떨어져 있어야 하는 3단계의 상황에 놓이는 실험을 통해 애착의 유형을 관찰했습니다. 먼저 아이와 엄마가 있는 낯선 공간에 낯선 사람이 들어옵니다. 그리고 잠시 후에 엄마는 그곳을 떠납니다. 그때 일차적으로 아이들의 반응을 살핍니다. 그리고 후에 엄마가 다시 돌아왔을 때 이차적으로 아이의 반응을 살핍니다. 실험 결과 아이는 애착 유형에 따라 다양한 반응을 보입니다.

첫째, 안정 애착입니다. 비교적 건강하고 안정된 애착 유형으로, 아이는 부모가 떠나면 울지만 시간이 지나면 나름의 방식으로 마음을 달랜 후 곧 환경에 적응하여 장난감을 가지고 놀거나 다른 아이들과 어울립니다. 그러다가 부모가 다시 오면 반기면서 안깁니다.

둘째, 불안정 애착입니다. 이런 아이들은 부모가 떠나면 저항, 혼란, 회피 등의 다양한 반응을 보입니다. 저항은 부모가 다시 나타났을 때 화를 내는 반응입니다.

장난감을 던지며 분노를 표출하기도 하고, 부모의 손을 뿌리치기도 합니다. 혼란은 눈치 보는 것을 말합니다. 부모의 컨디션이나 표정을 살핍니다. 평소 엄마의 컨디션이 어떻게 바뀔지 몰라 불안해서 눈치를 보며 대처해 왔기 때문입니다. 어떤 경우는 부모가 돌아왔는데도 무시하고 회피합니다. 별로 기대하지 않았다는 반응이겠지요.

보호자와의 애착 관계는 여러 이유로 형성됩니다. 예를 들어 배고플 때, 추위에 떨 때, 공포감을 느낄 때, 사고가 나거나 넘어져 다쳤을 때, 먹고 싶거나 갖고 싶은 것이 생겼는데 갖지 못했을 때 등 여러 상황에서 부모가 어떻게 반응하며 관계를 지속하는가에 따라 애착 관계가 형성되기 시작합니다. 그리고 무의식적인 반응으로 드러납니다.

아기는 두렵거나 불안하면 자연스럽게 울음을 터뜨립니다. 그때 부모의 반응이 다를 수 있습니다. 안정적으로 반응을 하며 위로해 주면 아기는 부모를 어려운 상황이 찾아올 때, 잘못했을 때 찾아가 기댈 수 있는 존재로 인식합니다. 반면에 부모가 엄격하거나 책망하면 아기는 부모를 회피해야 하는 존재로 인식합니다.

저는 두 딸을 키우면서 아이들이 어떤 일이 있든지 먼저 저에게 와 주기를 기대했습니다. 하지만 아이들은 엄마에게 먼저 찾아갔습니다. 처음에는 이해하지 못했습니다. 그런데 한 번은 작은 사고를 통해 원인을 깨닫게 되었습니다. 딸아이가 유리컵에 물을 가득 담은 채 조심하지 않고 뛰어가다가 그만 컵을 떨어뜨려 깨뜨렸습니다. 저는 순간 "그것 봐. 아빠가 조심하라고 했지?" 하며 혼을 내었습니다. 하지만 제 아내의 반응은 달랐습니다.

"괜찮아? 다친 데는 없어?"

그 순간 아이가 무슨 일이 있으면 엄마에게 가는지를 알게 되었습니다. 스스로를 돌아보는 시간이 되었습니다.

성도 중에 하나님은 잘못했을 때 회피해야 하는 분으로 여기는 분이 많다는 것을 알게 되었습니다. 실수와 실패 가운데 피난처가 되시며 우리를 회복시켜 주시는 분이기에 그분에게 나아가야 할 텐데, 오히려 스스로 반듯이 일어선 후가 되어야 하나님께 나아갈 수 있다고 여기는 것입니다.

유독 버림받는 것을 두려워하는 이들이 있습니다.

마음 디톡스

불안정 애착이 형성된 이들이 그렇습니다. 이들은 인정받지 못하는 것에 대한 상처가 다른 사람들보다 크기 때문에 버림받기 전에 먼저 관계를 정리해 버리기도 합니다. 교회에서도 이런 유형들이 나타납니다. 목장, 소그룹 안에서 갈등이나 문제가 생길 때 애착 유형이 드러납니다. 목회자조차도 인정받지 못하면 스스로 사임해 버리고는 합니다. 버림받는 것, 인정받지 못하는 것에 대한 깊은 상처가 치유되지 못했기 때문입니다.

교회에서 열심히 섬기는 분들 가운데에서도 불안정 애착 유형의 저항, 혼란, 회피 등이 다양하게 나타납니다. 어렸을 때 큰 소리로 보채야만 원하는 것을 얻을 수 있었던 이들은 어른이 되어서도 계속 다른 이들의 관심에 목말라합니다. 일하다가 어려움이 생기면 다른 사람들을 탓하거나 공격합니다. 잘 지내던 사람과도 불편한 뭔가가 생기면 마주쳐도 외면해 버립니다.

이런 글을 쓰는 것은 길러 주신 부모나 성장 과정을 탓하려는 의도가 아닙니다. 어떻게 관계를 맺고 살아가야 하는지 그 방식을 알아야 변화와 성장이 가능하기 때문입니다. 이러한 애착 관계는 하나님과 관계를 맺는 방식에도 큰 영향을 줍니다. 상처와 허물이 없는 관계는 없습니다. 그럼에도 인간은 사랑을 통해서 만족감을 느끼며 하나님을 알아 가야 함을 명심해야 합니다.

C. S. 루이스(C. S. Lewis)는 《네 가지 사랑》에서 이렇게 말했습니다.

사랑한다는 것은 상처받을 수 있는 위험에 자신을 노출하는 행위입니다. 무엇이든 사랑해 보십시오. 여러분의 마음은 분명 아픔을 느낄 것이며, 어쩌면 부서져 버릴 수도 있습니다. 마음을 아무 손상 없이 고스란히 간직하고 싶다면, 누구에게도 마음을 주어서는 안 됩니다. 모든 얽히는 관계를 피하십시오. 마음을 당신의 이기심이라는 작은 상자에만 넣어 안전하게 잠가 두십시오. 그러나 그 작은 상자 안에서도 그것은 변하고 말 것입니다. 부서지지는 않을 것입니다. 깨뜨릴 수도 없고 뚫고 들어갈 수도 없을 것입니다. 그러나 구원받을 수 없는 상태가 되고 말 것입니다. 우리는 모든 사랑에 내재해 있는 고통을 피하려고 애씀으로써가 아니라, 그것을 받아들이고 그분께 바침으로써 하나님께 더 가까이 다가가게 됩니다.

예수 그리스도 안에서
구속된 관계를 누려야 합니다

그리스도께서 너희를 사랑하신 것같이 너희도 사
랑 가운데서 행하라 그는 우리를 위하여 자신을 버
리사 향기로운 제물과 희생제물로 하나님께 드리
셨느니라 엡 5:2

하나님은 죄 때문에 손상된 관계 가운데 있는 우리
를 끝까지 포기하지 않으십니다. 하나님은 우리가 온전
한 관계를 누리기 원하십니다. 그래서 관계를 회복하게
하십니다.

우리가 올바른 관계를 회복하기 위해서는 하나님과
의 애착(God Attachment)이 회복되어야 합니다. 부모도
때로는 심한 감정의 기복으로 자녀를 힘들게 하고, 약
속을 지키지 못함으로써 실망시킵니다. 하지만 신실하
신 하나님은 절대로 우리를 떠나지 않으십니다. 죄에
대하여 진노하시지만 긍휼 가운데 다시 용서해 주십니
다. 비록 죄를 지었지만 회개하고 돌아오면 탕자의 아
버지처럼 먼저 팔 벌리고 뛰어오십니다. 우리를 위해

독생자 예수 그리스도를 보내시고 희생시키신 하나님 이십니다.

그러나 정작 우리는 신실하신 하나님과 관계를 맺고 알아 감에도 타인과 관계를 맺어 가는 방식을 좀처럼 바꾸지 못합니다. 따라서 인간 관계에서의 변화를 기대하기란 쉽지 않습니다. 예를 들어 어떤 분들은 자꾸 다른 이를 고치려고 합니다. 습관적으로 남의 약점, 단점을 지적하기도 합니다. 지나치게 내성적이어서 사교성이 부족하거나, 사람을 피하기도 합니다. 우리는 자신이 타인과 관계 맺을 때 무엇이 부족하고 약한지 잘 압니다. 그럼에도 계속 그러한 습관을 반복합니다. 그리고 이것은 뇌에도 입력됩니다. 그래서 무의식적으로 반응해 버립니다. 그렇다면 어떻게 변화를 경험할 수 있을까요?

우리는 구속적 경험들(Redemptive Experiences)을 통해서 변화될 수 있습니다. 예를 들어 집을 나가 모든 것을 탕진하고 돌아온 아들이 여전히 따뜻하게 자신을 맞이하러 달려오는 아버지, 그런 하나님을 만났을 때 구속적 경험을 합니다. 간음한 여인이 돌을 맞고 정죄당해야 하는데 예수님이 대변해 주셨습니다. 주변 사람들에게 따돌림을 받았던 삭개오를 초청하시고 인정해 주셨으며,

결혼과 관계에 실패했던 사마리아 여인에게 먼저 말을 건네시며 복음을 전하셨습니다. 그리고 이방인 백부장의 믿음을 칭찬해 주셨습니다. 이러한 경험은 더 이상 이론적이거나 교리적인 가르침이 아니라 구속적 경험이 됩니다. 실제로 우리의 삶 가운데 이러한 구속적 경험들이 가정과 교회 공동체에서 일어날 때 변화를 경험할 수 있습니다. 도덕적, 윤리적으로 넘어진 지체가 용서받고 회복되어 다시 일어서는 것입니다.

빅토르 위고(Victor Hugo)의 《레미제라블》에서 장 발장은 은접시를 훔치는 잘못을 저질렀습니다. 그러나 주교는 오히려 그에게 은촛대까지 건네주었고, 이에 감명받은 장 발장은 구속의 경험을 통하여 비로소 변화되었습니다. 우리의 신앙 공동체에서 실제로 이러한 구속적 경험이 변화의 계기가 됩니다. 자신의 관계 맺는 방식을 알 뿐만 아니라 하나님과의 관계, 가정에서의 관계, 교회 공동체의 관계를 통하여 치유, 훈련, 습관의 변화를 경험할 때 우리는 변화받을 수 있습니다.

우리 모두가 이러한 구속적 관계 치유를 경험하기를 바랍니다. 이론이나 교리적으로 아는 것뿐만 아니라 하나님과의 관계에서 직접 구속적 경험을 한 사람은 진정한 변화를 이룰 뿐 아니라 다른 이들을 진심으로 사랑하고 섬기게 됩니다.

하나님이 가정과 교회를 주셨습니다. 가정과 교회는 손상된 관계와 세상을 치유하며 회복하는 통로입니다. 온전한 인간다움은 사랑하고 관계를 누리는 것임을 우리 모두 다시 한번 깨닫기를 원합니다.

마음 디톡스

1. 인간은 관계 속에서 살아가도록 지어졌기 때문에 관계를 떠나서는 존재할 수 없습니다. 하지만 관계를 맺는 일이 이토록 힘든 이유는 무엇일까요?

----

2. 존 볼비의 애착 유형에 따르면, 안정 애착과 불안정 애착이 있습니다. 당신의 어린 시절을 되돌아봤을 때, 부모님과의 관계에서 어떤 애착이 형성되었습니까? 그러한 부모님과의 애착 관계가 신앙에 좋은 영향을 주었다고 생각합니까?

----

3. 150페이지에 인용한 C. S. 루이스의 말이 무엇을
   의미한다고 생각합니까? 하나님과의 안정된 애착
   관계 안에서만 타인과의 관계에서 고통을 넘어서
   는 사랑으로 나아갈 수 있음을 알고 있습니까?

   ....

   ....

   ....

4. 우리의 깨어진 모습이 변화되기 위해서는 구속적
   경험들이 있어야 합니다. 성경에 나온 인물들(간
   음한 여인, 삭개오, 사마리아 여인 등)이나 레미제라블의
   장 발장이 겪은 구속적 경험은 무엇일까요? 당신
   은 어떤 구속적 경험이 있습니까?

   ....

   ....

   ....

   ....

쓴 뿌리의 치유

에베소서 4:17-24; 히브리서 12:15

집 뒤뜰에 러시아산 나무가 하나 있었습니다. 창문 너머로 볼 때마다 얼마나 보기 좋고 아름다웠는지 모릅니다. 그런데 지난해에 갑작스러운 폭풍으로 나무가 쓰러졌습니다. 너무 아쉽고 속상했습니다. 저는 당연히 폭풍 탓이라고 생각했습니다. 그런데 정원사가 와서 살펴보더니 이미 뿌리가 썩어 있었다고 했습니다. 결국 폭풍 때문이 아니라 썩은 뿌리 때문에 나무가 쓰러졌다는 사실을 알았습니다.

마음에도 뿌리가 있습니다. 식물이 대부분의 영양을 뿌리를 통해 공급받듯이, 우리 마음도 뿌리가 건강

157
Part 3. 무너진 관계를 다시 세우기

해야 흔들리지 않습니다. 보통 때는 잘 알아차리지 못하지만, 삶 가운데 예기치 못한 고난, 관계의 갈등, 스트레스를 받을 때 뿌리의 영향을 받습니다. 마음에 쓴 뿌리가 있을 때, 결코 건강하지 못한 반응을 보입니다. 외적인 사건, 상황보다는 마음의 뿌리가 상해 있기 때문에 무너지기 쉽습니다. 이렇듯 쓴 뿌리는 영적 성장을 방해합니다.

> 너희는 하나님의 은혜에 이르지 못하는 자가 없도록 하고 또 쓴 뿌리가 나서 괴롭게 하여 많은 사람이 이로 말미암아 더럽게 되지 않게 하며 히 12:15

마음 깊은 곳에 자리한 쓴 뿌리를 그대로 내버려 둔 채 살아가는 사람들이 많습니다. 우리도 예외는 아닙니다. 신앙생활을 하면서, 심지어 사역을 함께하면서 이러한 쓴 뿌리가 드러난 경험이 있을 것입니다. 평소에는 감추거나 억누르고 있지만 어떤 예기치 못한 일들이나 상황에 맞닥뜨렸을 때 자신도 모르게 표출됩니다. 우리는 개인이나 가정, 사랑하는 관계 안에 쓴 뿌리가 있는지 잘 살펴보아야 합니다.

쓴 뿌리의 원인을
파악해야 합니다

쓴 뿌리의 원인은 여러 가지입니다. 해결되지 않은 과거의 죄, 누군가로부터 받았던 상처, 증오, 미움 등이 원인입니다.

너희 중에 남자나 여자나 가족이나 지파나 오늘 그 마음이 우리 하나님 여호와를 떠나서 그 모든 민족의 신들에게 가서 섬길까 염려하며 독초와 쑥의 뿌리가 너희 중에 생겨서 이 저주의 말을 듣고도 심중에 스스로 복을 빌어 이르기를 내가 내 마음이 완악하여 젖은 것과 마른 것이 멸망할지라도 내게는 평안이 있으리라 할까 함이라 신 29:18-19

이스라엘 백성들은 애굽에서 나와 약속의 땅인 가나안으로 향하고 있었습니다. 그런데 그들은 출애굽을 하고 홍해를 건너는 기적을 경험하였음에도, 여전히 마음 한편에 애굽에서 누렸던 풍요로움을 그리워하고 있었습니다. 그리고 우상 신들을 통한 가치관, 세속화, 불신앙으로 마음이 완악해져 하나님을 시험하고 원망했습니다. 이러한 마음의 쓴 뿌리는 가족, 그리고 주위에 있는 지파, 공동체에까지 번지며 전염되었습니다.

이처럼 우리는 구원받고 하나님의 자녀가 되었지만 여전히 하나님을 향한 잘못된 쓴 뿌리와 왜곡된 이미지를 가질 때가 있습니다. 하나님은 당신이 어떤 분이신지, 그리고 당신의 온전한 뜻은 무엇인지 자녀와 교회 공동체가 알기 원하십니다. 그분은 숨거나 방관하는 분이 아닙니다. 청년 집회를 섬길 때 상담하다 보면 많은 청년이 마음에 두려움을 가지고 있음을 알 수 있습니다. 하나님의 뜻을 알고 싶은데 그 뜻을 찾지도 못한 채 인생을 허비할 것 같은 두려움, 훗날 자신이 걸어온 길을 되돌아봤을 때 하나님의 뜻과 상관없는 삶을 살아왔다면 어떻게 할 것인가 하는 고민 등이었습니다. 하나님은 우리가 인생을 허비하도록 그냥 보고만 계실 분이 아닙니다. 잘못하기를 기다리다가 벌주시는 분은 더더욱 아닙니다. 하나님은 자녀인 우리가 당신의 선한 뜻 가운데 살아가기를 원하십니다. 그래서 우리 삶에 개입하고 인도해 주시는 분입니다.

그런데도 하나님에 대한 원망과 쓴 뿌리를 가지고 살

아가는 이들이 많습니다. 때로는 율법주의로 인해 잘못된 종교적 쓴 뿌리가 생기기도 합니다. 저의 가정은 제가 청소년일 때 캐나다로 이민 오면서 신앙생활을 시작했습니다. 고등학생 시절에는 부모님이 시내에서 편의점을 운영하셨기 때문에 한동안 가게 2층에서 생활하였습니다. 어느 여름 가장 무더웠던 날, 교회 장로님 한 분이 집으로 심방을 오셨습니다. 그날 제 친구들이 여느 때와 같이 함께 놀자고 했지만 저는 예배를 드리고 싶어서 기대하는 마음으로 일찍 귀가했습니다. 은혜롭게 예배를 잘 마치고 장로님이 집을 나서면서 어머니께 제가 반바지를 입고 예배를 드렸다고 지적하셨습니다. 그날은 주일도 아니었고, 더군다나 가장 더운 날 상가 2층에 있는 거실에서 예배를 드렸는데 말입니다. 그 일이 있고 난 후 한동안 제게는 원망하는 마음이 지속되었습니다. 율법에 대한 쓴 뿌리였습니다. 목회자가 된 후에 혹여 누군가에게 제가 느꼈던 것 같은 마음의 상처를 주거나 하나님에 대해 잘못 전하는 것은 없는지 스스로 돌아보게 됩니다.

쓴 뿌리는 우리 내면에 영적, 정신적, 정서적, 관계적으로 아주 다양하게 자리 잡고 있습니다. 오랫동안 드러나지 않은 채 살아가기도 합니다. 물론 한두 번 상처 받은 것으로 쓴 뿌리가 생기는 것은 아닙니다. 오랫동안 전혀 개선되지 않고 반복적이고 지속적으로 악영향을 끼치는 환경에서 자신을 억누르거나 방치할 때 쓴 뿌리가 생길 수 있습니다.

룻기에 나오미라는 인물이 등장합니다. 그녀는 고향인 베들레헴을 떠나 머나먼 모압 지방까지 가족들과 함께 이민을 갔습니다. 하지만 타지에서 남편과 두 아들을 잃는 슬픔을 겪습니다. 모든 것을 잃고 고향으로 돌아왔을 때 나오미는 고향 사람들에게 자신을 나오미라 부르지 말고 '마라'라고 부르라고 합니다. '쓰다'라는 의미의 이름으로 자신의 처지를 설명한 것입니다(룻 1:20).

한 자매에게 알코올 중독자였던 아버지가 있었습니다. 그녀에게 아버지는 난폭한 존재로 깊이 기억되었습니다. 아버지는 평소에 화가 나면 길에서도 욕하며 폭주하곤 했습니다. 그 자매는 하나님의 은혜 가운데 교회에서 신앙이 좋은 형제를 만나 약혼하였습니다. 그러던 어느 날 약혼자가 운전하는 차를 타고 가는 중에, 갑자기 반대편 차선을 달리던 차 한 대가 중앙선을 넘어오는 바람에 큰 사고가 날 뻔했습니다. 놀란 약혼자는 상대방

차를 향해 크게 화를 내며 심한 욕을 해댔고, 그 모습을 본 자매는 충격을 받았습니다. 약혼자의 모습에서 난폭했던 아버지를 발견했기 때문입니다. 이 자매는 파혼을 심각하게 고민했습니다. 마음 깊은 곳에 있던 쓴 뿌리로 상담까지 받았습니다. 다행히 시간을 갖고 치유하면서 약혼자의 순간적인 실수와 아버지의 지속적인 모습을 구별하게 되었고, 이후 결혼하여 10여 년이 지난 지금도 신앙 안에서 건강하게 잘살고 있습니다.

이번에는 어떤 형제의 이야기입니다. 그에게는 어릴 때부터 어머니가 수없이 자신의 존재감을 끌어내렸던 기억이 있었습니다. 어머니는 늘 형과 자신을 비교했고 성적이 떨어지거나 청소를 제대로 못 하면 망신을 주기도 했습니다. 그런데 이 형제가 결혼을 했습니다. 이번에는 아내로부터 계속해서 자신을 깎아내리는 말을 들었습니다. 왜 아주 사소한 일도 제대로 못 하느냐면서 말입니다. 아내는 별것 아니라고 생각하여 대수롭지 않게 내뱉은 말들이었지만 그는 너무 힘들어 어느 날 폭발해 버리고 말았습니다. 그리고 아내에게 당분간 떨어져 있는 게 좋겠다는 제안을 하고야 말았습니다. 이렇듯 가족이나 부부 관계에서 쓴 뿌리가 영향을 끼치는 경우는 상당히 많습니다. 해결하지 못하고 평생 한을 품고 살아가는 부부도 많습니다. 사랑하지만 깊은 내면에 미워하는 마음도 있습니다.

권위적인 분위기 속에서 성장한 어느 장로님은 자신이 납득할 수 없는 결정이라도 나면 미팅 중에도 화를 참지 못했습니다. 아내의 말에서, 교회에서 자신이 무시당하고 있다고 여겨지면 어김없이 화를 냈습니다. 알고 보니 어린 시절 화를 자주 내던 어머니로부터 받은 상처가 해결되지 않고 남아서 아내의 말에서, 사람들의 말에서 투영되어 보였던 것입니다.

어느 선교사님의 자녀는 하나님과 사역에 대한 쓴 뿌리를 가지고 있었습니다. 자매는 부모의 사역 탓에 어렸을 때부터 부모와 떨어져 국제학교에 다니다가 캐나다의 대학으로 유학을 오게 되었고, 그곳에서 신앙이 좋은 청년을 만나 결혼하였습니다. 결혼 후 자녀들을 낳아 키우던 중, 주말이면 교회로 봉사하러 가는 남편에게 점점 불만이 쌓이게 되었습니다. 부모님이 그랬듯이 교회 사역 때문에 남편을 빼앗길 것 같은 마음이 들었다고 합니다. 그녀의 마음에는 하나님이 소중한 가족을 빼앗아 갔다는 어린 시절의 기억에 대한 쓴 뿌리가 있었던 것입니다. 차마 하나님에게는 화를 낼 수 없기에 남편을 힘들게 만들고 말았습니다.

이러한 쓴 뿌리를 해결하지 못하고 마음 깊은 곳에 그대로 방치해 두었다가는 생각지 못한 다른 영역에까지 영향을 미치게 됩니다.

쓴 뿌리의 증상을
분별해야 합니다

쓴 뿌리는 생각과 결정에 나쁜 영향을 끼칩니다. 특정 대상에 대해 마음속으로 이미 판단하고 결론을 내립니다. 또한 다른 사람을 정죄합니다.

보라 네 눈 속에 들보가 있는데 어찌하여 형제에게 말하기를 나로 네 눈 속에 있는 티를 빼게 하라 하겠느냐 외식하는 자여 먼저 네 눈 속에서 들보를 빼어라 그 후에야 밝히 보고 형제의 눈 속에서 티를 빼리라 마 7:4-5

쓴 뿌리는 교회, 목사, 선교사 그리고 헌금 등 다양한 영역에서까지 원망이나 편견으로 표출되기도 하며, 사람마다 다양한 증상으로 나타납니다. 정서적으로 공격적인 유형은 폭력, 미움, 정죄, 공격, 폄하 등으로 표출됩니다. 반면에 조용하게 나타나는 증상도 있습니다. 얌전하고 신사적인 것 같은데 마음속에는 쓴 뿌리가 있습니다. 겉으로는 평온해 보이지만 마음 깊이 증오가 있습니다. 용서하지 못하고 미워하는 마음이 있습니다. 그래서 이런 증오심을 겉으로는 드러내지 않으면서 상대방을 힘들게 만들 수도 있습니다.

벽을 쌓는 경우도 있습니다. 교회에서 예전에는 열심히 섬겼는데 언제부터인가 거리를 두기 시작합니다. 제자 훈련을 모두 받았고, 열정적이고 헌신적으로 섬기던 직분자였는데도 쓴 뿌리 때문에 교회에 벽을 쌓게 된 것입니다. 또 부부 사이에도 서로에게 벽을 쌓을 수 있습니다. 서로 대화의 틈을 만들지 않는 회피형입니다. 이런 부부는 서로 퇴근 후에 다른 일을 만들어 집에 늦게 들어가기도 하고, 주말에는 친구를 만나거나 거래처 사람과 약속을 만들어 집을 비웁니다. 집에 돌아와서도 계속 TV나 책, 신문을 봅니다. 일부러 교회 봉사를 하면서 거룩한 핑곗거리를 만들기도 합니다. 결국 온전히 사랑하지 못하며 살아가는 모습들입니다.

아직도 기억나는 결혼식과 장례식이 있습니다. 하나밖에 없는 아들의 결혼식에 부모님이 참석하지 않았습니다. 자신들의 기대에 못 미치는 자매와 결혼을 하려는 아들에게 실망한 나머지 그러한 결정을 한 것입니다. 나중에 복음의 능력 가운데 회복이 되었지만 지금도 그 부모는 그때 일을 후회하며 미안해합니다. 한번은 어느 장로님의 장례식에 딸이 참석하지 않았습니다. 평생 교회밖에 몰라 자신에게 관심을 주지 않았던 아버지에 대해 쓴 뿌리가 있던 딸은 아버지를 원망하였고 장례식에도 오지 않았습니다. 이렇듯 쓴 뿌리는 시간이 지나면서 더 깊이 우리 내면을 잠식시키며 소중한 것들을 파괴해 버립니다.

너희는 유혹의 욕심을 따라 썩어져 가는 구습을 따르는 옛 사람을 벗어 버리고 엡 4:22

쓴 뿌리야말로 썩어져 가는 구습 중 하나입니다. 성경은 옛사람으로 살아가는 방식을 버리라고 말씀합니

다. 하나님이 심지 않으신 것들은 뽑아 내야 합니다. 삶
과 관계 가운데 복음의 영향력을 방해하는 것들이기 때
문입니다.

쓴 뿌리를 치유해야 합니다

오직 너희의 심령이 새롭게 되어 하나님을 따라 의
와 진리의 거룩함으로 지으심을 받은 새 사람을 입
으라 엡 4:23-24

쓴 뿌리는 보혈의 능력으로 치유받을 수 있습니다.
하지만 저절로 해결되는 것은 아닙니다. 옛사람을 벗어
버리고 심령이 새롭게 된다는 의미는 성화되어 가는 과
정을 말합니다. 그렇다면 어떻게 치유받을 수 있을까요?
　먼저 내 쓴 뿌리를 인정해야 합니다. 인정하지 않거
나, 몰라서 내버려 두었다가는 더 깊게 곪습니다. 나의
쓴 뿌리 때문에 누군가가 또 다른 이에게 쓴 뿌리를 전
염시킬 수 있음을 하나님 앞에서 인정해야 합니다. 이
를 통해 가족, 자녀, 목장, 모임 등에서 쓴 뿌리가 전염되

는 것을 막아야 합니다. 쓴 뿌리를 인정하지 않고 내버려 두다가 목장, 소그룹, 관계 가운데 좋지 않은 언행이나 태도 등이 자신도 모르는 가운데 퍼질 수 있습니다. 자칫 교회에 대한 안 좋은 이미지가 전염되는 경우도 있습니다. 또 상처, 두려움, 염려도 전염됩니다. 이러한 쓴 뿌리로 가득 찬 마음을 먼저 십자가 앞으로 가지고 나와야 합니다. 그리고 편견, 미움 등을 고백하고 회개해야 합니다. 더 나아가 그 특정 대상을 용서하고 축복해야 합니다. 하나님의 말씀과 진리의 틀 안에서 성화된 마음의 눈으로 바라보는 훈련이 필요합니다. 부부 관계에서도 배우자를 향한 쓴 뿌리가 해결되어야 합니다. 배우자와 함께 시작하면 좋겠지만 먼저 깨닫고 인정한 사람부터라도 치유 과정으로 들어가야 합니다.

> 믿지 아니하는 남편이 아내로 말미암아 거룩하게 되고 믿지 아니하는 아내가 남편으로 말미암아 거룩하게 되나니 그렇지 아니하면 너희 자녀도 깨끗하지 못하니라 그러나 이제 거룩하니라 고전 7:14

이 말씀은 안 믿는 배우자뿐만 아니라 믿지만 안 믿

는 사람같이 살아가는 배우자에게도 동일하게 적용할 수 있습니다. 우리는 전염과 성화 사이 선택의 기로에 서 있습니다. 전염과 성화 중에 어떤 삶을 살기 원하는지, 어떤 통로의 도구로 사용 받고 싶은지 선택해야만 합니다. 마음속으로 원망하고 억누르며 평생 살아갈 수도 있고, 반대로 성화될 수도 있습니다. 예수 그리스도 안에서 치유됨으로써 안 좋은 사슬을 끊어 낼 수 있습니다. 의도적으로 끊어 버릴 뿐 아니라 오히려 말씀과 복음의 은혜 가운데 지혜롭게 대처할 수 있습니다. 말씀이 이깁니다. 주 예수의 사랑이 이깁니다.

나오미는 비록 쓰디쓴 인생을 살았지만, 결국 은혜 가운데 인생의 반전을 경험합니다.

이는 네 생명의 회복자이며 네 노년의 봉양자라 곧
너를 사랑하며 일곱 아들보다 귀한 네 며느리가 낳
은 자로다 하니라 룻 4:15

나오미는 자기가 처한 상황을 원망하지 않았습니다. 하나님이 생명의 회복자이심을 고백하며 찬송했습니다. 이처럼 반전 인생은 하나님의 말씀을 묵상할 때 경험할 수 있습니다. 묵상한다는 것은 단순히 이론적 지식을 습득하는 것이 아닙니다. 말씀이 심령 깊숙이, 그리고 일상생활에 스며들도록 하는 것입니다. 하나님의 말씀을 깊이 묵상할 때에야 비로소 쓴 뿌리는 깊숙한 곳부터 회복되고 치유될 것입니다.

에베소서는 사도 바울의 옥중 서신서입니다. 복음 때문에 감옥에 갇히게 되었는데도 그는 쓴 뿌리 없이 오히려 감사하며 성도들을 격려합니다. 그 비결은 그리스도의 사랑에 뿌리를 내렸기 때문입니다.

믿음으로 말미암아 그리스도께서 너희 마음에 계시게 하시옵고 너희가 사랑 가운데서 뿌리가 박히고 터가 굳어져서 엡 3:17

환경이나 상황에 뿌리를 내리면 결국 좋은 영향력을 발휘하지 못합니다. 반면에 말씀에는 깨끗하게 하는 능력이 있습니다. 깊은 말씀, 깊은 은혜, 깊은 기도, 깊은 나눔으로 들어가야만 영혼의 깊은 곳까지 청소가 이루어집니다. 빠르고 간편한 인스턴트식의 신앙생활로는 올바른 치유가 이루어지지 않습니다.

말씀에 뿌리를 내려야 합니다. 하나님의 약속과 성품에 뿌리를 내리십시오. 말씀 안에서 선하신 하나님을 알아 가기를 바랍니다. 구체적으로 하나님의 선하심, 좋으심을 경험하고 감사하기 바랍니다. 말씀 안에서 기도하고 축복하며 결정하고 판단하는 훈련을 해 보기 바랍니다. 말씀 안에 뿌리를 내릴 때 마음의 쓴 뿌리는 치유됩니다.

1. 히브리서 12장 15절과 신명기 29장 18-19절에서 '쓴 뿌리' '독초와 쑥의 뿌리'가 의미하는 것은 무엇일까요? 이스라엘이 약속의 땅에 들어갔음에도 왜 그러한 문제가 생긴 걸까요?

2. 우리 주변에는 관계적인 갈등을 경험하는 사람들
   이 많습니다. 그러한 갈등은 내면에 감춰진 쓴 뿌
   리 때문에 생기기 쉽습니다. 당신은 자신 안의 쓴
   뿌리 때문에 관계에 문제가 생기거나 갈등을 경험
   한 적이 있습니까? 또는 다른 사람의 쓴 뿌리 때문
   에 어려움을 겪은 적이 있습니까?

3. 하나님이 기뻐하시는 새 사람을 입기 위해서 먼저 심령이 새로워져야 합니다. 심령이 새로워진다는 것은 무엇을 뜻하는 것일까요? 쓴 뿌리를 치유하기 위한 두 가지 방식(첫째, 인정하고 끊어내는 것, 둘째, 말씀이 심령에 깊이 뿌리내리도록 하는 것)을 어떻게 당신의 삶에 적용할 수 있을까요?

....

....

....

....

....

....

....

Part 4.

심령의 평강을
되찾기

Chapter 10.

마음의 용서

에베소서 4:2-3; 32

어느 목사님이 용서에 대한 설교를 하다가 미워하는 사람이 하나도 없는 사람이 있으면 손을 들어 보라고 했습니다. 손을 드는 사람이 아무도 없었는데, 잠시 후에 할아버지 한 분이 손을 번쩍 들었습니다. 이를 본 성도들은 존경심에 박수를 보냈습니다. 그러자 할아버지는 "미워하는 사람들은 이미 다 죽었습니다"라고 했다는 일화가 있습니다.

미워하는 사람이 하나도 없는 사람은 아마 없을 것입니다. 그래서인지 복수를 소재로 한 드라마나 영화가 유난히 많은 것 같습니다. 주인공이 통쾌하게 복수하는 대목에서는 마음이 시원해지고 대리만족을 느낍니다. 아마도 권선징악은 모두가 공감하는 감정이 아닐까요?

그러나 십자가 은혜의 클라이맥스는 용서입니다. 십자가에서의 죄 사함과 용서로 우리는 구원을 받았습니다. 그리고 하나님은 용서받은 우리에게 서로 용서하라고 말씀하십니다.

머리로 잘 알고 성경 지식도 있지만, 누군가를 진심으로 용서하기란 참으로 어려운 것 같습니다. 특히 가까운 사람, 가족, 친구, 지체로부터 배신당하고, 실망했을 때 그 상처는 쉽게 해결되지 않습니다. 여전히 미워하는 마음이 내 안에 있습니다. 과연 진정한 용서는 가능한 걸까요? 그럼에도 우리는 왜 용서해야 하는 걸까요? 성경을 통해 알아보겠습니다.

용서가 없는 곳이
바로 지옥입니다

우리는 용서의 능력이 사라져 가는 세상을 살아가고 있습니다. 몇십 년, 몇백 년 전의 일도 밝혀 역사를 바로

잡고 정의를 구현하는 것이 필요함에도 자칫 과거의 잘못을 묻어 버리거나 관계조차도 단절해 버리는 무서운 시대를 살아가고 있습니다. 팀 켈러는 《용서를 배우다》에서 이렇게 매장시켜 버리는 세대(Cancelling Generation)에 대한 우려를 나타냈습니다.

어쩌면 용서라는 개념 자체가 점점 상실되어 가는 시대인 것 같습니다. 부부가, 형제와 자매, 가족이 용서하지 못하며, 심지어 성도 간에도 용서하지 못한다면 더 이상 안전한 관계는 없을 것입니다. 사랑과 관용과 회복이 사라지고, 쓴 뿌리나 거리감 때문에 우리는 서로에 대한 신뢰를 잃어버렸습니다. 기독교의 생명은 은혜와 용서에 있다고 말하지만, 정작 현실에서는 누군가가 잘못하면 세상에서처럼 낙인을 찍고 정죄해 버리곤 합니다. 그렇다고 해서 무조건 죄를 덮는 것은 복음이 아닙니다. 하지만 진정한 회개와 회복의 시간을 보낸 믿음의 공동체라면 서로 용서해 주어야 합니다.

너희가 각각 마음으로부터 형제를 용서하지 아니하면 나의 하늘 아버지께서도 너희에게 이와 같이 하시리라 마 18:35

먼저 용서는 우리 자신을 위해서 필요합니다. 용서하지 못하면 괴로움에서 벗어날 수 없습니다. 아울러 우리는 스스로의 건강과 평안함을 위해서도 용서해야 합니다. 의학적으로 용서는 우울증, 염려, 혐오감뿐만 아니라 약물 복용이나 중독률을 낮추며, 자존감과 삶의 만족도를 높여 준다는 연구 결과가 있습니다. 마음의 자유와 평화를 위해, 하나님과의 온전한 관계를 위해 반드시 용서를 체험해야 합니다.

용서가 빠진 기독교나 의미 없는 관계는 존재하지 않습니다. 용서가 없으면 회개도, 고백도 없습니다. 우리에게 구원도 없으며 하나님과 화목할 수도, 하나님 안에서 자유할 수도 없습니다. 다시 말해 용서를 통하여 관계는 더욱 깊은 은혜를 경험하며 구속적 체험을 합니다.

그래서 사탄은 우리가 용서의 능력을 경험하지 못하게 방해합니다. 강퍅한 마음을 갖게 만듭니다. 복수가 정의라고 속삭입니다. 다른 사람을 용서하지 못할 뿐 아니라 자신도 용서받지 못하는 지옥 같은 삶을 살아가게 합니다. 이는 천국을 경험하며 살아가는 것과는 완전 정반대의 삶입니다. 용서를 통해서만 예수 그리스도를 경험할 수 있습니다.

용서의 다양한 단계들을
이해해야 합니다

용서했는데도 계속 찌꺼기가 마음에 남아 있을 때가 있습니다. 용서는 마치 양파 껍질과도 같아 한 겹을 벗겨 내도 계속 다른 겹들이 나옵니다. 하버드 의학대학에서 나온 간행물 "Harvard Healthy Publishing, Harvard Medical School"에 보면 용서에는 두 단계가 있다고 합니다.

하나는 결단적 용서(Decisional Forgiveness)이고, 다른 하나는 감정적 용서(Emotional Forgiveness)입니다. 결단적 용서는 더 이상 상대방에게 저주, 정죄, 심판 등의 나쁜 일이 일어나지 않기를 바랍니다. 하지만 감정적 용서는 더 깊은 내면의 단계에서 일어납니다. 결코 쉽지 않고 시간이 많이 필요합니다. 무언가로부터 자극을 받으면 다시 그 기억과 감정으로 돌아오기 때문입니다.

제게도 용서하는 데 시간이 오래 걸렸던 대상이 있습니다. 예전에 섬기던 교회에서 만난 한 장로님입니다. 그분이 그 교회의 목사님 여러 명을 쫓아냈고, 결국 교회가 분열되는 아픔을 겪었습니다. 저는 하나님 앞에 기도하며 그분을 용서했다고 생각했습니다. 그런데 시간이 많이 흐른 후 우연히 어느 식당에서 그분을 마주쳤습니다. 그리고 그분이 목회자가 되었다는 이야기를 들었습니다. 그 말을 듣는 순간 제 마음 안에 그분을 완전히 용서하지 못하고 있었음을 깨달았습니다. 분명히 용서한 줄 알았는데, 잘되는 건 바라지 않았다는 것이 제 솔직한 마음이었습니다. 이렇듯 용서하지 않으면 쓴 뿌리나 복수심과 같은 여러 증상이 우리 내면에 자리를 잡습니다.

> 모든 겸손과 온유로 하고 오래 참음으로 사랑 가운데서 서로 용납하고 평안의 매는 줄로 성령이 하나 되게 하신 것을 힘써 지키라 엡 4:2-3

서로 용납한다는 것은 다름을 인정하는 의미입니다. 다르다는 것을 이해하면 용납할 수 있습니다. 사람의 기질이 다 다르기에 용서받았다고 인정하는 시점도 다를 수 있습니다. 어떤 기질의 사람들은 공식적으로 사과하는 것이 중요하다고 여기며, 관계 중심의 기질인 사람들은 관계가 평안해져야 비로소 마음에서 용서를 경험합니다. 지적인 기질을 가진 이들은 자기 머리로 이해가 되어야만 용서할 수 있습니다.

무조건 용서하라고 강요할 수 없습니다. 형식적인 용서로는 온전한 치유와 회복을 경험하지 못합니다. 거짓된 용서와 회개는 오히려 영적, 관계적으로 파괴적인 영향을 끼칩니다. 진정한 용서는 진리에 의거한 용서입니다. 회개와 고백이 함께합니다. 더불어서 희생과 양보, 이해를 요구합니다. 이 모든 것은 인간의 힘이 아닌 성령님의 능력으로만 가능합니다.

마음의 용서는 의지적인 용서가 있은 후에 이루어집니다. 마음의 준비가 되어 있지 않더라도 먼저 의지적으로 용서하려는 시도를 해 보십시오. 물론 기억하고 싶지 않은 트라우마도 있을 것입니다. 아주 심각한 것은 제외하더라도, 그 외에는 문제를 회피하기보다 사실대로 정확하게 기억해야 합니다. 무엇이 잘못되었는지 당시의 상황이나 사람, 또는 사건 그리고 무엇 때문에 상처를 받았고 화가 났는지 기억해 보십시오. 관계가 회복되지 않아도, 상대방이 잘못을 인정하지 않더라도, 상황에 대한 바른 이해가 필요합니다. 마음으로 용서가 되지 않더라도 먼저 의지적으로 결단하십시오. 그럴 때 성령님이 이해를 도와주실 것입니다.

예수님의 보혈은
마음 깊은 곳까지 씻어 줍니다

팀 켈러는 《용서를 배우다》에서 기독교적 용서의 측면들에 대해 다음과 같이 설명합니다.

수직적 – 하나님이 베푸시는 용서
내면적 – 자기 자신을 향한 용서
수평적 – 서로를 향한 용서

결국 하나님이 우리에게 베푸신 용서가 우리 안에 충만하여 회복을 경험하면, 비로소 그 힘으로 누군가를 용서할 수 있습니다.

용서에는 영적인 힘이 있습니다. 하나님과의 관계가 온전해지며 마음의 평강을 누리게 됩니다. 회복과 변화가 따릅니다. 하지만 동시에 대가가 따릅니다. 공짜 용서, 싸구려 용서는 가짜 용서입니다. 예수 그리스도의 십자가를 통해 베푸신 용서는 죽음과 희생이라는 대가를 치른 용서였습니다. 이같이 우리도 용서의 대가로 나를 부인하고 양보해야 합니다.

물론 우리의 내면에는 여전히 억울하거나 정당하지 못한 데 대한 아픔이 있습니다. 그럼에도 변치 않는 진리가 있습니다. 예수 그리스도의 보혈 안에서만 용서하는 능력을 얻을 수 있다는 것입니다. 주 예수의 보혈이 우리에게 충분한 능력을 부어 줍니다.

> 그는 저 대제사장들이 먼저 자기 죄를 위하고 다음에 백성의 죄를 위하여 날마다 제사 드리는 것과 같이 할 필요가 없으니 이는 그가 단번에 자기를 드려 이루셨음이라 히 7:27

하나님은 우리의 모든 죄를 십자가에 달리신 예수 그리스도의 보혈로써 단번에 용서하셨습니다. 우리가 모르고 지은 죄까지도 용서해 주셨습니다. 지금도 하나님은 우리가 알게 모르게 지은 죄들을 가지고 나아가 예배 드릴 때 용서해 주십니다. 그리고 그 죄들은 계속 주님과 동행할 때 깊이 깨닫게 됩니다. 그런데도 연약하고 온전치 못하여 서로 단번에 용서할 수 없다는 것을 인정해야 합니다. 용서한 것 같은데 마음속에 여전히 아픔, 앙금, 미움이 남아 있음을 솔직히 고백해야 합니다.

하나님의 말씀은 생각과 마음을 바로잡아 주시고, 그리스도의 보혈은 깨끗하게 씻어 주십니다. 그래서 우리에게 날마다 보혈의 능력이 필요합니다. 온전히 용서받지 못한 것 같고, 해결되지 않은 부분들이 있다면 주님 앞으로 가지고 나와 깨끗함을 받으시기 바랍니다. 영원한 천국에 들어가면 더 이상 용서에 대한 갈등이나 트라우마도 없을 것입니다. 그날까지 우리는 매일의 삶 가운데 서로를 용서하는 훈련과 이에 따른 열매를 보혈의 능력 안에서 경험해야 합니다.

용서는 우리의 마음을 치료하는 가장 위대한 치료제입니다.

1. 요즘 드라마나 영화에서 용서보다는 복수에 대한 주제가 더 인기를 끌고 있습니다. 사람들은 왜 복수를 더 좋아할까요?

_____

_____

2. 우리가 용서해야 하는 이유는 자신을 위해서입니다. 용서하지 않을 때 어떤 정서적, 육체적, 영적인 결과를 경험하게 될까요? 반면 용서하면 어떤 결과를 경험하게 될까요?

_____

_____

_____

3. 용서에는 두 단계의 용서, 즉, 결단적 용서와 감정적 용서가 있습니다. 감정적인 용서가 이루어지지 않더라도 결단적 용서를 먼저 실천하는 것이 중요한 이유는 무엇입니까?

----

4. 히브리서 7장 27절이 예수님의 용서에 대해서 가르쳐 주는 것은 무엇입니까? 예수님의 용서와 사랑을 깊이 경험하는 것이 용서를 실천하는 삶에 필요한 이유는 무엇일까요?

Chapter II

마음의 혁신

로마서 12:1-3

　지금까지의 내용을 통해 마음의 디톡스를 경험하는 계기가 되었습니까? 하나님이 심령 가운데 그리고 관계 가운데 부어 주신 은혜들이 있을 것입니다. 하지만 여기서 그치는 것이 아니라 새로운 성장의 기회로 삼는 것이 중요합니다.

　마음의 디톡스가 성공적으로 이루어졌다면 이제 우리는 마음의 혁신(리노베이션, 리모델링)을 꿈꿀 것입니다. 다이어트를 위해 제대로 식단 조절을 하다 보면 급기야 라이프 스타일까지 바꾸고 싶어지는 것과 같은 맥락입니다.

그러므로 형제들아 내가 하나님의 모든 자비하심
으로 너희를 권하노니 너희 몸을 하나님이 기뻐하
시는 거룩한 산 제물로 드리라 이는 너희가 드릴 영
적 예배니라 롬 12:1

리모델링한 집에 가 보면 단순히 집을 청소한 것과
는 크게 다르다는 것을 알 수 있습니다. 마음도 청소하
는 것으로 끝내는 것이 아니라 리모델링까지 이어져야
만 합니다. 그렇다면 어떻게 해야 마음의 리모델링이 가
능할까요?

마음의 원리를
이해해야 합니다

하나님은 우리가 하나님을 온전히 알고 또한 서로를
온전히 사랑하도록 설계하셨습니다. 그 도구로 우리의
마음을 쓰십니다. 그 정도로 마음은 매우 소중합니다.
마음이 우리의 삶을 움직입니다.

달라스 윌라드(Dallas Albert Willard)는 《마음의 혁신》

에서 "인간의 마음, 의지, 심령은 인생의 중앙 살림부서
이다. 마음이란 전인의 결정과 선택이 내려지는 곳이
다. 그것이 마음의 기능이다"라고 말했습니다. 즉 마음
은 엔진과도 같습니다. 엔진이 제대로 작동되지 않을 때
를 상상해 보십시오. 아무리 고가의 옵션을 장착한 고급
승용차라도 엔진이 손상되면 그 차는 제대로 움직이지
못합니다. 차의 역할을 하지 못하는 것입니다.

마음(참 자아, 개성, 성품)은 삶의 모든 영역과 연결되어
있습니다. 하지만 죄 때문에 마음이 타락하면서부터 그
리스도인으로서의 삶을 살기란 쉽지 않습니다. 오염되
고, 상처받은 마음이 삶을 좌지우지하기에 바르게 살아
가기가 힘듭니다. 선택과 행동 그리고 폭력과 잘못된 습
관도 이런 마음(심령)에서 비롯됩니다. 시스템, 행정, 조
직, 법으로 마음을 바꾸기란 쉽지 않습니다. 아무리 훌
륭한 교육과 훈련을 많이 받았을지라도 마음에 변화가
일어나지 않는다면 의미가 없습니다.

달라스 윌라드는 지옥은 간발의 차이로 가는 것이 아
니라고 말합니다. 천국에 가기에는 조금 부족해서 지옥
에 떨어지는 것이 아니라, 계속 하나님을 마음으로 외면
해 온 결과라고 말합니다. 즉 파괴된 영혼 때문입니다.

오늘날 파괴된 감정, 오염된 감정의 지배하에 살아가는 사람들이 많습니다.

오래되기는 했지만, 마음의 중요성, 즉 어떻게 마음을 먹는가에 따라 결과가 달라진다는 흥미로운 연구 결과가 있었습니다. 2011년 예일대학에서 사람들에게 두 가지 음료를 마시게 한 후 신체 반응을 연구하는 실험이었습니다. 첫 번째는 열량이 620칼로리로 지방과 당분이 잔뜩 들어 있는 음료이고, 두 번째는 140칼로리로 몸에 이로운 영양분이 풍부하게 함유된 음료라고 미리 알려 주고 시음하게 한 후 그렐린 수치를 측정했습니다. 그렐린은 공복감을 느끼게 하고 식욕을 조절하는 호르몬을 말합니다. 유해 음료를 마셨을 때는 그렐린 수치가 떨어졌고, 건강 음료를 마신 무리는 별다른 변화가 없었습니다. 실제로 몸의 반응과 그에 따른 포만감이 달랐습니다. 하지만 반전이 있습니다. 사실 두 팀은 모두 380칼로리의 내용물이 같은 음료를 시음한 것입니다. 이것은 사람이 제어할 수 없는 몸의 반응조차도 마음먹기에 따라 얼마든지 달라질 수 있다는 사실을 증명해 준 실험 결과였습니다.

성경에도 이와 같은 원리가 적용되는 예수님의 비유

가 있습니다. 같은 씨를 뿌려도 마음 밭이 어떠한가에 따라 열매도 차이가 납니다. 실제로 설교자나 목회자에 대해 마음이 열려 있으면 말씀에 은혜를 받는 일이 많습니다. 하지만 아무리 말씀이 좋아도 듣는 사람의 마음이 설교자나 목회자에 대해 닫혀 있으면 은혜를 받기 어렵습니다.

배우자나 가까운 사람에 대한 마음에도 동일하게 적용될 수 있습니다. 사랑하는 마음으로 바라보면 모든 것이 고맙습니다. 그러나 반대의 경우에는 원망스럽고 짜증만 납니다. 좋아하는 사람이 실수하면 너그럽게 용서하지만, 싫어하는 사람이 실수하면 용납할 수 없습니다. 심지어 실수가 없고 완벽해도 그냥 싫습니다.

현실적으로 마음의 세계는 민감하고 복잡합니다. 마음을 내 마음대로 할 수 없는 이유가 바로 여기에 있습니다. 마음은 영적 전투지입니다. 누가 점령하는가, 누가 다스리는가에 따라 달라집니다. 성령님이 다스리실 때는 온전히 마음으로 받아들이고 해석합니다. 반대로 온전치 못한 것들이 다스릴 때 좋은 것들까지 왜곡해 버립니다. 복음에는 마음을 새롭게 하며 치유하는 능력이 있습니다. 십자가의 보혈은 마음을 깨끗게 하는 능력을 가지고 있습니다.

마음의 혁신은 생각의 변화를 통해 시작됩니다

너희는 이 세대를 본받지 말고 오직 마음을 새롭게
함으로 변화를 받아 하나님의 선하시고 기뻐하시
고 온전하신 뜻이 무엇인지 분별하도록 하라 롬 12:2

즉 마음과 생각은 연결되어 있습니다. 마음의 변화
는 결국 생각의 변화에서 시작됩니다. '마음'은 전두대
상피질, 즉 이마의 양미간에서 약간 안쪽에 해당하는 부
분입니다. 마음은 우리의 가슴이나 심장에 있는 것이 아
니라 뇌에 있습니다. 그리고 생각과 밀접하게 연결됩니
다. 달라스 윌라드도 이렇게 말합니다.

생각은 감정을 유발하고 감정은 우리 세계의 틀
을 정하며 행동의 동기가 된다. 흥미롭게도 특정
한 감정을 느껴서 생각을 유발할 수는 없지만 생

각을 조정해 감정을 유발하고 웬만큼 통제하는 것
은 가능하다. 생각의 통제는 감정을 다스리고 통
제하는 데 필수적이고 큰 도움이 된다. 감정이란
의지의 직접적인 지휘 아래 있지 않다. 감정을 선
택할 수는 없는 일이다.

마음을 엔진에 비유한다면 생각은 운전대와도 같습
니다. 내면의 은밀한 생각의 죄에서 시작하여 결국 마음
속에 좋지 않은 것들을 품게 됩니다. 그 사람이 어떤 생
각을 가지고 살고 있는가가 마음 상태까지 좌우합니다.
신앙생활, 봉사, 헌신, 예배도 마찬가지입니다. 어떤 분
들은 직분 때문에 섬깁니다. 직분을 받지 못하면 섬기는
자리에 나오지 않습니다. 반면에 어떤 분들은 사명 때문
에 섬깁니다. 직분을 받든 받지 않든 사명감으로 헌신
합니다. 은퇴한 후에도 사명이 다할 때까지 섬깁니다.
　구원받은 삶에도 적용됩니다. 어떤 분들은 이 세상
을 떠난 후에 천국에 들어가는 것을 구원이라고 생각합
니다. 그래서 평생 동안 마음대로 살다가 늙어서 예수님
을 영접해도 늦지 않을 텐데 굳이 젊을 때 예수님을 영
접할 필요가 있냐고 말합니다. 반면에 어떤 분들은 지금

이 세상에서도 하나님 나라를 경험할 수 있다는 진리를 믿으며, 이 땅에서 하나님 나라의 영광과 임재를 맛보며 날마다 주님과 동행합니다.

사탄은 우리의 생각을 조종하여 죄를 짓게 만듭니다. 에덴동산에서 선악과로 아담과 하와를 유혹한 사탄은 선악과를 먹어도 죽지 않고 하나님과 같아질 거라며 범죄를 합리화합니다. 이것은 분노, 중독, 용서 등 모든 영역에 동일하게 적용됩니다. 죄에 감염된 생각에서 비롯된 증상은 셀 수 없이 많습니다. 성도들과 대화하다 보면 때로는 '어떻게 저런 생각을 할 수 있을까?' 의아해질 때가 있습니다. 그리고 저 또한 별반 다르지 않습니다. 불현듯 하나님의 말씀과 단절되고 왜곡된 생각들이 들어오기도 합니다.

한번은 연로하신 어느 선교사님이 저에게 몇 년 동안 서운한 마음이 있었다고 속마음을 털어놓은 적이 있습니다. 이야기를 들어 보니 제게 전화로 메시지를 남겼는데 제가 아무런 응답도 하지 않아 서운하셨다는 것입니다. 알고 보니 예전 전화번호에 남기신 것이었지만, 너무 죄송했습니다. 그런가 하면 한 성도님은 어느 장로님께 서운한 마음이 들었습니다. 교회 복도에서 장로님을 마주쳐서 인사했는데 눈도 마주치지 않고 그냥 지나치더라는 겁니다. 마음이 많이 불편했고, 교만한 분이라고 단정지어 버렸습니다. 제가 장로님께 그때의 일에 대해 물어보니, 당시 사업이 부도가 날 위기에 처해 있어서 아무것도 생각할 겨를이 없었고, 그저 간절하게 하나님께만 매달리는 시간을 보냈다고 하셨습니다. 이렇듯 사실과 다른 잘못된 생각이 마음을 불편하게 지배할 때가 있습니다. 잠시 오해가 생길 수는 있지만, 매번 왜곡된 생각을 하고 있다면 문제는 심각합니다.

육신을 따르는 자는 육신의 일을, 영을 따르는 자는 영의 일을 생각하나니 육신의 생각은 사망이요 영의 생각은 생명과 평안이니라 육신의 생각은 하나님과 원수가 되나니 이는 하나님의 법에 굴복하지 아니할 뿐 아니라 할 수도 없음이라 육신에 있는 자들은 하나님을 기쁘시게 할 수 없느니라롬 8:5-8

육신의 생각은 하나님과 멀어지게 만듭니다. 그뿐만 아니라 관계가 어려워지고, 늘 상처받아 마음이 힘들어집니다. 생각의 변화에는 여러 의미가 있습니다. 그중에 몇 가지를 나눕니다.

직관적 생각의 변화입니다

성인이 되면 변화를 원치 않는 사람이 많아집니다. 다 이유가 있습니다. 이미 결론을 내렸기 때문입니다. 나름대로 정립해 놓은 생각들, 생각으로부터 자동으로 이어지는 연결고리와 방식들이 있기 때문입니다.

예전에 성도들과 함께 이스라엘 성지 순례를 갔을 때의 일입니다. 저는 개인적으로 베드로 회복교회에서 은혜를 받았습니다. 예수님을 세 번이나 부인했던 베드로를 만나 주시고 회복시키셨으며, 주님의 양을 먹이라는 사명을 주셨던 은혜의 현장이었습니다. 그곳을 떠나 들판을 지나면서 무리지어 있는 양을 보았을 때 또다시 저에게 주시는 은혜가 있었습니다. "주님, 교회에 돌아가서 저에게 맡겨 주신 양들을 잘 섬기게 해 주세요"라는 기도가 나왔습니다. 그러나 뒷좌석에 있던 어떤 권사님은 그 양 떼를 보며 "양갈비 먹으면 참 맛있겠다"고 하시는 것이었습니다. 이렇듯 똑같은 것을 봐도 생각은 제각각입니다.

하나님에 대한 이미지도 마찬가지입니다. 어떤 분은 하나님은 늘 엄격한 분이라고 생각합니다. 잘못하면 심판하고 벌주시는 하나님, 그래서 예배와 헌금 생활도 이러한 두려움으로 하게 됩니다. 교회, 목회자, 헌금, 직분에 대한 생각에도 적용해 볼 수 있습니다. 교회 주차장에서 접촉 사고가 났습니다. 화가 난 성도님은 "하나님 저에게 어떻게 이러실 수 있으세요!"라며 원망했지만, 똑같은 사고가 났을 때 성숙한 믿음의 권사님은 "하나님 새신자에게 이런 일이 일어나지 않고 저에게 생겨서 다행입니다"라며 오히려 감사했습니다.

티머시 R. 제닝스는 《뇌, 하나님 설계의 비밀》에서 뇌에서 보내는 신호들인 편도체라는 경보 스위치에 대하여 설명합니다. 뇌에서 오랫동안 잘못되고 손상된 기능들이 두려움을 몰고 옵니다. 이때 편도체를 자극하게 되어 분노와 상실감이 찾아오고, 이로 인한 만성적인 두려움과 염려는 계속해서 우리의 욕심, 안정, 방어, 공격적인 태도 등을 만듭니다. 이런 직관적인 생각으로 또 다른 생각의 고리가 형성됩니다. 예를 들어 밤늦게 편의점에서 일하고 있는데 자신보다 체구가 큰 남자가 불쑥 들어오면 두려움이 생깁니다. 편견을 갖지 않는다고 하면서도 순간적으로 두렵다는 생각이 들 수 있습니다.

직관적 생각은 하루아침에 바뀌지 않습니다. 오랜 시간을 통해 반복적으로 하나님의 선하심, 공급하심, 보호하심을 경험해야 하며 차츰 생각이 바뀝니다. 중생(Born Again)의 의미는 총체적인 것입니다. 말씀과 성령 안에서 다시 태어나 새로운 생각을 형성하는 것입니다. 우리가 말씀을 읽고 묵상한다는 의미는 단순히 몇 구절, 몇 장을 숙제같이 읽는 것 이상입니다. 그 말씀을 계속 곱씹다 보면 깊은 생각의 뿌리까지 스며들게 됩니다.

레슬리 버닉(Leslie Vernick)의 T.R.U.T.H. 모델을 소개합니다.

Triggering Event : 일어난 사건

Reckless Thought(Unbiblical Thought) : 비성경적이며 난폭한 생각

Unhealthy Emotional Response : 건강하지 못한 감정의 반응

Truthful Thought : 성경적인 생각

Healthy Emotional Response : 건강한 감정의 반응

예를 들어 구체적으로 설명해 보겠습니다.

T(일어난 사건) : 주일 저녁 직장 상사가 문자 메시지를 보냈습니다. 내일 출근하면 바로 사무실로 오라는 내용입니다.

R(비성경적이며 난폭한 생각) : 분명 안 좋은 일이 생겼을 것이라고, 나에게 문제가 생길 수 있고, 해고까지 당할 수 있겠다고 생각합니다.

U(건강하지 못한 감정의 반응) : 마음의 평강을 잃고 밤잠을 설칩니다. 왜 내가 이런 직장에서 일하고 있는지, 왜 승진을 못 했는지 원망하고 분노합니다.

T(성경적 생각) : 내일 직장 상사를 만날 때까지 어떤 내용인지 모르니 모든 것을 하나님께 맡깁니다. 나에게 직장의 문을 열어 주신 분도 하나님, 지금까지 이끄신 분도 하나님이시니 앞으로의 일들도 책임져 주실 것을 신뢰합니다.

H(건강한 반응의 감정) : 이때 비로소 마음의 평강을 다시 찾습니다.

보통 우리는 일어난 사건으로 인하여 반응을 한다고

여깁니다. 하지만 버닉은 생각이 반응의 감정의 원인이 된다고 설명합니다.

건강하지 못한 생각은 건강하지 못한 반응을 가져다 주지만 건강한 생각은 건강한 반응의 감정을 가져다 줍니다. 결국 감정의 반응이 온전하게 변화되기 위해서는 생각의 변화가 필요합니다. 코로나 팬데믹 기간에 대학을 졸업했지만 원하던 직장에 들어가지 못한 청년들이 있었습니다. 어떤 청년들은 '내 인생은 망했어, 하나님이 나를 버리셨어'라고 생각하며 영적으로 침체되었지만, 어떤 청년들은 '아직 젊은데 이러한 실패를 경험했으니 이제 다른 것도 준비해야겠다'고 생각하며 흔들림 없이 자신의 삶을 계속 하나님께 맡기고 새로운 길에 도전합니다.

결국 말씀이 생각의 뿌리까지 깊이 내려갈 때 진정한 변화를 경험합니다. 비성경적이며 왜곡된 생각이 성경적인 생각으로 바뀌는 것입니다. 우리가 중생을 경험한다는 것은 생각을 포함한 총체적인 중생을 의미합니다. 이때 비로소 생각의 리모델링이 이루어집니다. 오직 신뢰할 수 있는 영원한 하나님의 진리로 생각의 뿌리부터 변화를 경험해야 합니다. 항상 말씀으로 돌아와야 합니다. 그럴 때 내가 말씀을 다루는 것이 아니라 말씀이 내 생각을 다루기 시작합니다.

> 내게 주신 은혜로 말미암아 너희 각 사람에게 말하
> 노니 마땅히 생각할 그 이상의 생각을 품지 말고 오
> 직 하나님께서 각 사람에게 나누어 주신 믿음의 분
> 량대로 지혜롭게 생각하라 롬 2:3

의식 차원의 개념 변화입니다

생각의 틀은 의식의 개념이나 법칙을 가지고 있습니다. 관념, 개념, 이야기, 생각의 틀, 이론의 프레임을 모두 포함합니다. 정치, 학력, 성공, 실패, 사회적 지위, 인종 등에도 프레임이 있습니다. 어떤 것들은 성경적이지만 여전히 많은 영역은 세상적이며 주관적인 부분이 있습니다. 그래서 우리는 신앙생활을 오래 했음에도 기도한 대로 이루어지지 않거나 원하던 것을 얻지 못하면 허무함과 실패감에서 헤어나지 못합니다. 더 이상 목적이 없는 것처럼 살아갑니다. 그것은 복음적인 삶이 아

닙니다.

어떤 사람은 세상적인 성공이나 실패를 통해 하나님과 가까워집니다. 반대로 어떤 사람은 세상적인 성공 이후에 하나님과 멀어지고, 실패 후에는 하나님께 실망합니다. 마치 코로나 팬데믹 후 어떤 성도는 신앙이 완전히 무너진 반면, 어떤 성도는 오히려 하나님과 친밀한 교제를 누리게 된 것과 같은 맥락입니다.

복음은 파괴된 인간, 파괴된 영혼과 마음이 회복될 뿐만 아니라 더 아름다운 존재가 되는 진리의 능력입니다. 복음으로 충만할 때 우리의 생각과 마음이 성화의 과정을 지나며 아름다움을 추구하게 됩니다. 마음 밭의 토양이 바뀌어 하나님의 임재하심을 충만하게 경험하는 축복을 누리게 됩니다. 그럴 때 우리 인생에는 사랑, 기쁨, 평안이 열매 맺힙니다. 말씀으로 생각이, 보혈의 능력으로 마음이 혁신되는 변화를 사모하며 갈망합시다. 마음의 혁신을 통해 예수님을 닮아 갑시다.

나눔 질문

1. 로마서 12장 2절에서 바울은 하나님 백성으로 살아가기 위해 무엇을 하라고 권면하고 있습니까?

_____

_____

_____

2. 마음은 자동차의 엔진과 같이 작동하기 때문에, 마음에 의해 선택, 행동, 습관 등이 조정되고 움직입니다. 그래서 우리 마음을 누가 다스리는지에 따라서 이 땅에서 지옥이나 천국을 살아가게 됩니다. 당신의 마음이 영적 전쟁터라는 사실을 알고 있습니까? 마음을 지키기 위해서 어떤 것을 하고 있습니까?

_____

_____

_____

3. 마음의 변화는 두 가지 차원의 변화를 전제합니다. 직관적인 생각의 변화와 의식 차원의 변화를 가져오기 위해서 어떻게 해야 할까요? 구체적인 실천 방안을 나눠 봅시다.

....

....

4. 망가진 집은 청소를 깨끗이 한다고 해서 살 만한 집이 되지 않습니다. 리모델링을 통해서 집을 고칠 때만 안전하고 건강한 생활을 해 나갈 수 있습니다. 이 책을 통해서 당신 안에 어떤 생각과 삶의 변화가 필요하다고 생각했습니까?

....

....

....

....